80억 분의 일

80억 분의 일이 되는 독자들을 위한 안내

- 표준어, 맞춤법, 외래어 표기법을 지키되 글맛을 살리기 위해 친숙한 관용 표기를 따르거나 저자의 의도대로 썼습니다. 비속어, 은어, 욕설, 작가가 만든 조어 등도 쓰였으니 독서에 주의하시기 바랍니다.
- 다른 이의 글, 가사, 대사, 명언, 유행어 등을 다수 빌려 썼습니다. 모두 좋아하는 팬의 마음으로 인용, 차용, 활용하였음을 알립니다.

80
억
분의
일

규섬 수필집

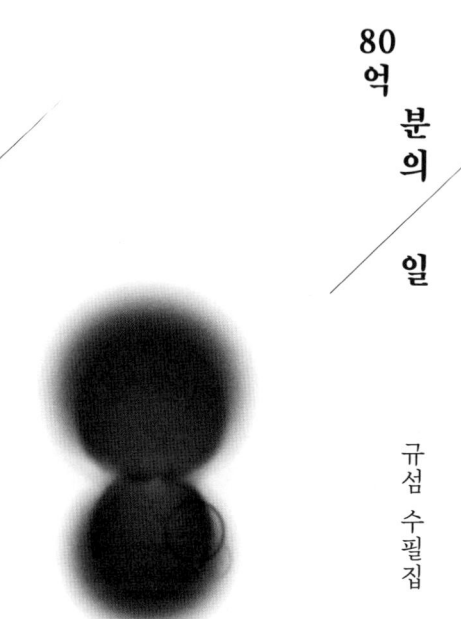

살며 맞이한 순간
마주한 생각

집우주

순간/들

바다 · 8

텃밭 농사 · 12

두부 장수 · 16

끼의 니 · 19

카메라 · 25

반짝이는 것 · 29

경복궁에서 · 36

울대리 · 68

이름 · 70

엄마 맘 · 74

아버지 가방 · 78

장미 · 84

얼죽아 · 87

여행의 완성 · 91

생각/들

사막 · 134

춤을 꾸다 · 138

긍정의 힘, 럭키 · 142

차례 상차림 · 146

많고 많다 · 150

장식 · 154

방화대교 · 158

자랑 말고 · 191

돈 돌 · 195

팬과 편 · 199

hello, world! · 202

직업 · 206

위인 · 214

정치민 · 218

미세먼지 좋음 · 39
오로라 · 42
개기일식 · 48
시골 가는 길 · 52
연락 · 56
스몰 토크 · 59
트로트와 클래식 · 62
키, 작은 사람 · 65

마부작침 · 96
투수 · 99
도시를 떠나자 · 104
웃은 횟수 · 112
서른 어른 · 117
생일 기분 · 121
12월의 서울 · 125
한 번 본, 다시 못 볼 · 128

운전 · 161
흠 · 166
약한 마음 · 170
죽어 있는 · 173
말귀 · 176
철부지 · 182
먼지의 질량 · 184
살림의 사랑 · 187

자유 · 227
i · 230
취미 · 234
옛날 사람 · 238
하지 않는 삶 · 242
세상살이 · 246
무대에 서다 · 249
섬 · 251

순간

들

바
다

 마주하는 바다의 정면은 거대한 스크린이다. 바다를 향해 걸으면 차르르르 한 편의 영화가 시작된다.

 동해, 어느 바다에서 우리는 까만 모래 해변에 앉는다. 동을 틔우려는 해를 기다리며 어슴새벽을 안는다. 갑자기 결정한, 밤 길을 달려 마주한 바다가 검고 검다. 어둠아 물러가라 우리는 소리를 지른다. 찰칵- 깔깔깔 미친놈들처럼 웃는다. 그리고 해가 뜨지 않아도 괜찮다고 생각한다. 평생 해가 없어도 좋겠다고 생각한다. 청춘보다 뜨거운 것이 없다. 우리는 해안 길을 걷는다. 갑자기 들이친, 파도에 급히 뒤로 물러서지만 내 발 네 발 모두 젖는다. 우리는 둘이지만 어느새 두 발로 걷는다. 축제의 바다에서 테킬라를 탄 맥주를 마신다. 낮 술을 달려 맞이한 잠이 달고 달다. 오르지 못할 보드를, 타지 못할 파도를 이기려 든다. 솟지 못한 몸이 휘청 휘청 풍덩 바다로 진다. 찰칵찰칵- 낄낄낄 우리는 웃는다. 그토록 오고 싶었던 바다다. 하지만 그때부터 우리는 식고 있다. 젊음은 시들고 있다. 친구라면 우정에서 연인이라면 사랑에서 이별이 막 출발한다. 그런데 그때는 그걸 모른다. 돌아보면 슬픈 바다는 눈부시도록 환하게 웃고 있는 사진으로 만든 빛바랜 로드 무비다.

남해, 어느 바다에서 우리는 바다를 건넌다. 작은 고기잡이배를 타고 건넌다. 통통통 배에는 선장과 우리뿐이다. 선장은 유난히 따가운 해 볕에 그은, 까만 얼굴의 바다 사나이다. 도시 사람인 우리가 만나 볼 일 없는 뱃사람이다. 크로마키로 배경을 지우고 합성하면 그는 파이프 담배를 문 채 키를 잡은, 지중해를 항해하는 캡틴이다. 모든 게 흑백으로 바뀌어버린 고전 영화 속 바다가 검고 검다. 뭍에 내린 우리는 문 앞까지 물이 들이치는 민박에 머문다. 조용한 집이 고요한 파도로 시끄럽다. 이곳에서 태어났다면, 이런 마을에서 살았다면 어땠을까. 송송송 분명 한국어인데 하나도 알아들을 수 없는 아리송한 사투리는 외국에 온 듯 가슴을 뛰게 한다. 순간 여기가 한국이라는 것을 잊게 한다. 이 마을 사람들은 해가 뜨기도 전에 깨어 나가 조개를 캔다. 그 모습은 바다를 꿈으로만 꾸었던 도시 사람에게 다큐멘터리 영화에서나 보았던 삶의 현장이다.

서해, 어느 바다에서 우리는 하늘을 본다. 고개를 들어

까만 독수리들의 비행을 본다. 군무는 하트를 태극을 그린다. 하지만 그 꽁무니에서 다다다 폭탄이 폭우처럼 쏟아진다고 해도 이상할 게 없다. 해안선을 따라 걷다가 아무도 없는 해변을 만난다. 적당한 길이로 감싸는, 우리를 위한 비밀 기지 같다. 우리는 텐트를 치고 눈을 앉힌다. 신문을 펼친 채 책을 덮는다. 나나나 흐르는 라디오를 허리에 끼고 아직 어색한 춤을 춘다. 그럼 우리는 키스한다. 혀를 달려 맞은 입술이 달고 달다. 달 같다. 가장 가까이에서 바라보는 해가 달보다 가깝다. 도시 것보다 사실적이다. 컴퓨터그래픽처럼 현실적이다. 우리는 평생 저무는 해를 보며 살면 좋겠다고 생각한다. 그렇게 해가 뜨지 않아도 괜찮다고 생각한다. 서로를 위해 죽을 수도 죽일 수도 있다고 말한다. 아마도 오래 아주 오래 함께할 거라고 노래한다. 그래 우리는 우리를 잃지 않아야겠다. 그래 그때 그 바다로 간다면 우리를 잃지 않겠다. 울지 않겠다. 어느새 하늘과 하나인 바다가 검고 검다.

바다를 뒤로하고 걸으면 영화가 끝난다. 엔딩 크레디트처럼 함께한 이들이 썰물에 쓸려 멀어진다. 다시 그 바다에 가면 이름들이 밀려와 있다. 나는 알맹이 없이 껍데기만 돌아온 이름 하나를 줍는다. 그것을 귀에 가져다 대면

나나나 다다다 송송송 통통통 낄낄낄 깔깔깔 관객도 없고 극장도 없는, 그러나 언제나 영화였던 우리들의 이야기가 두 눈을 감은 스크린에서 다시 시작된다.

어느 새벽 잠이 깨 슬며시 눈을 여니 암막 커튼 뒤에서 뭔가 부서지고 있다. 쏴아아아아- 일렁이는 파도 알갱이. 마침 저 멀리 달리는 차 한 대가 빠르다. 쓰이어처어얼썩- 굴러 이는 파도 소리. 다시 살며시 눈이 닫힌다. 눈을 감으면 스르르르 나는 북해로, 우리나라에는 없는 어느 바다에서 또 다른 영화의 주인공이 된다.

텃밭 농사

텃밭 농사를 지었다. 열 평도 안 되었지만, 초보 농사꾼에게는 그 작은 땅이 남의 집 마당처럼 넓었다. 텃밭은 근교에 있어서 차로 20분을 가야 했다. 나중에는 겨우 이거 하겠다고 이리 오가는 게 옳은 일일까 물음표가 커졌다. 들이는 돈과 시간, 연료, 노동력으로 경제성을 따지면 오히려 손해를 보는 일이었고, 환경에도 해를 끼치는 일이었다. 하지만 직접 심고 거둔 감자가 맛있었기 때문에 열심히 꾸준히 다녔다.

농사는 멋진 일이다. 흙과 물과 햇빛이 닿은 씨앗에서 뿌리가 뻗고 잎이 나고 꽃이 피고 열매가 맺는다. 어떻게 이 작은 것에 이 많은 게 들어 있었을까, 온 우주가 담겨 있었을까 궁금해진다. 이토록 놀라운 자연의 신비를 눈앞에서 보면 그저 신기하다. 왜 인간이 식물을 깊이 들여다보게 되었는지, 생물학과 유전학으로 발전하기 이전 초기 인류가 가졌던 호기심이 나에게도 생기는 것이다.

도시에서 태어나 자란 나에게 농사는 채소의 완전한 모양을 보는 경험이었다. 나는 텃밭에서 마트의 포장된 채소보다 신선한, 충격을 받았다. 나는 당근의 잎을 처음 봤다. 그 초록은 어느 만화에서 토끼 캐릭터가 들고 있는 주황에나 붙어있던 것이었다. 버리지 않고 가져와 무쳐서 먹고, 샐러드로 먹었다. 전설로만 들어 알던 파의 꽃도 보았다. 멀리서 보면 뾰족한 끝에 달린 동그란 것이 꼭 꼬챙이에 꽂힌 마시멜로 같기도 하고, 무슨 괴생명체처럼 보이기도 했다. 봐도 봐도 영 적응이 안 되었지만 남의 것이라 어떻게 하지는 못했다. 황당하게도 시금치는 암수가 따로 있었다. 씨를 얻으려고 그대로 두어 봤더니 아이 키만큼 자라서 당황했다. 그 긴 아이를 들고 집에 가는 장면을 상상해 봤다. 어질어질했다.

몇몇 주변 사람들에게 텃밭 농사를 짓는다고 이야기했다. 놀라워하는 사람, 궁금해서 이것저것 물어보는 사람, 말로는 멋지다고 하지만 그런 걸 왜 하는지 모르겠다는 표정의 사람 등 반응이 다양했다. 그중 하나는 나에게 통마늘을 한 개만 가져다 달라고 했다. 그것을 자기 아이에게 보여 주었더니 늘 마트에서 사 온 깐마늘만 봤던 아이가 무척 신기해했다는 이야기를 돌려 주었다. 이만큼 생생하고 감동적인 교육이 어디에 있을까. 기르친 것도 없이 훌륭한 스승이 된 것 같아 괜히 어깨가 으쓱, 뿌듯했다.

'작물은 농부의 발소리를 듣고 자란다.' 초보 농사꾼이 제일 많이 듣는 말이다. 그만큼 잦은 발길과 관심이 필요하다는 뜻이겠다. 하지만 텃밭은 결코 나의 수고에 비례하여 결실을 주지 않았다. 작물이 자라나는 생명력은 감히 나의 노동력, 노력 따위에 비할 수 없이 세다. 자연은 꾼이라 할 수 없는 생초보에게도 넉넉히 베풀었다. 그렇게 넘치게 받으니 그저 감사하고, 절로 겸손해진다. 아이들 키우는 것을 농사에 빗댄 '자식 농사'라는 말도 다시 들린다. 양육에 있어 부모 손길이 없어서는 안 되겠지만, 아이들에게는 이미 스스로 자랄 수 있는 강한 힘이 있다. 어른들의 못난 모습을 보고도 잘 크는 아이들이 대견하고 기특하다.

농사를 하면 쉴 수 없어 부지런해진다. 뭐 하나 심고 거둔다고 일이 끝나지 않는다. 빈 땅이 보이면 놀릴 수 없다. 자식들이 그만 쉬시라고 말려도, 허리가 굽고 무릎이 아파도 기어이 밭일을 하러 나가시던 할머니 할아버지가 생각난다. 다른 일들은 한 해에 여러 번, 수십 수백 번도 할 수 있지만 농사는 네 계절을 오롯이 채워야 한 번을 하는 일이다. 십 년을 한 사람도 따지고 보면 열 번밖에 하지 않은 게 농사다. 그러니 햇수는 세어도 횟수는 세지 않는다. 나는 겨우 요만한 네모 밭에서, 겨우겨우 네 해를 했다.

농사는 좋은 경험이었지만 여러모로 지쳐갔다. 특히 한여름에는 이른 아침이 아니면 30분도 일하기 힘들다. 아니, 일하면 안 된다. 왜 이따금 어르신들이 밭에서 쓰러졌다는 뉴스가 나오는지 알게 되었다. 언젠가 한 번은 도저히 시간을 내지 못해 보름을 넘겨 갔더니 완전한 잡초밭이 되어 있었다. 속담처럼 땀은 땀대로 흘리고 농사는 풀 농사만 지은 것이다. 호미를 들고 그 풀들을 뽑고 있으면 제초기가 얼마나 고마운 물건인지 절절히 느끼게 된다.

다음 해에도 계속할 수 있을까 고민하던 차에 더 이상 땅을 쓸 수 없게 되었다는 소식을 듣고 이참에 그만하기로 했다. 틈틈이 오며 가며 가꿀 수 있게 마당에 텃밭이 있는 곳에서 살면 좋겠다.

두부 장수

　내가 어릴 적에, 오토바이를 타고 동네를 돌며 두부를 파는 아저씨가 있었다. 아저씨가 종을 흔들면 사람들은 그 소리를 듣고 두부를 사러 골목으로 나왔다. 기억이 정확하지는 않지만, 소리는 늘 늦은 오후쯤에 들렸다. 아마 저녁 식사 시간 전에 두부를 팔러 나오셨겠지.

　딸랑딸랑- 종소리가 가까워지면 부엌에서 요리하시던 엄마가 나를 부른다. 엄마는 천 원짜리 한 장을 쥐여주며 아저씨가 지나가기 전에 두부를 사 오라고 하신다. 심부름을 잘했던 나는 쓰레빠를 발에 걸고 달려 나가 종소리가 들리는 곳을 찾는다. 당시 우리 집은 사거리의 모서리에 있어서 사방을 다 둘러봐야 했다. 오토바이가 모퉁이를 돌아 사라지기 전에 아저씨를 찾아야 했다.

　"두부 한 모 주세요." 어린이 손님에 아저씨는 씨익 웃으며 시동을 끄고 오토바이에서 내린다. 짐칸의 상자에서 투박하게 잘린 모두부를 하나 꺼내어 비닐백에 담고 검은 봉지에 한 번 더 담는다. 기억이 맞다면 삼백 원을 거슬러 받았고 그 후로 백 원씩 몇 번 값이 올랐다. 그렇게 두부를 꽤 오래 샀지만, 아저씨와 특별한 인연은 없다. "맛있게 먹어", "심부름도 잘하고 기특하네" 같은 말을 하셨겠지만, 워낙 오래전 일이라 기억나는 건 없다. 그렇다고 어린 내가 "감사합니다" 외에 "많이 파세요"나 "요즘 경기 안 좋은데, 좀 어떠세요?" 따위의 말을 돌려 드렸을 것을 생각하기는 어렵다. 그런데 이상하게도, 당시 같은 반 친구들 얼굴도 가물가물한데 아저씨의 얼굴은 꽤 또렷하게 기억난다. 가무잡잡한 피부에 단단한 느낌, 어디에서 봤을 법한 평범한 얼굴이다.

이제부터 나는 더 이상 어린애가 아니었고, 두부 심부름 같은 건 안 한 지 오래되었고, 우리 집은 가까운 옆 동네로 이사를 하였다.

딸랑딸랑- 익숙한 종소리가 들렸다. 아저씨였다. 아저씨는 여전히 같은 방식으로 두부를 팔고 있었다. 내가 알기 이전부터 장사를 하셨을 수도 있으니 십 년, 십오 년, 젊은 나이에 일을 시작하셨다면 그보다 더 오래 하셨을지도 모를 일이다. 문득 아저씨의 인생이 궁금했다. 어떻게 장사를 시작하게 되셨는지 결혼은 하셨고 사너분은 있으신지,

괜한 질문들을 생각했다. 대화를 나눈다면, 장사하는 여느 사장님들처럼 이 동네 사람 중에 내 두부 안 먹어 본 사람이 없다고 하실까, 내가 이 두부 팔아서 결혼도 하고 자식들 학교도 다 보냈다고 하실까, 그 말을 수줍게 하실까, 예상외로 호탕한 성격일까 하는 것들이었다.

언젠가부터 나는 네 모가 반듯한 플라스틱에 밀봉 포장된 두부를 사고 있고, 동네를 돌며 두부를 파는 일 같은 건 사라진 옛 풍경이 된 지 오래되었고, 나는 먼 동네로 이사를 하였다. 우리는 지금이 마지막일 수 있다는 것을 아주 잘 알고 있지만, 그게 정말로 마지막이었다는 것은 늘 시간이 한참 지나서야 안다.

그날 종소리가 멀어지기 전에 내 돈으로 두부 한 모 사볼걸 그랬다. 그럼 혹시 아저씨가 나를 알아보시지는 않았을까. 그랬다고 해서 달라질 것 없는 인연이겠지만, 공연히 지난 옛일을 거슬러 받고 싶은 추억이 어쩌다 한 번씩 떠오르는 것이다.

끼
의
니

　배가 고프다. 때가 되었다. 아무리 배불리 먹어도 때는 또 찾아온다. 때를 뜻하는 '끼'와 미곡※穀을 뜻하는 '니'가 결합한 '끼니'가 이런 상황에 꼭 맞는 단어겠다.

　밥을 차려 본 사람만 안다. 십 분이면 먹는 밥이 차리는 데는 한 시간이다. 재료 손질부터 설거지까지 식사 전후로 드는 시간까지 더하면 세 번 먹고 치우기만 해도 하루가 버겁다. 특히 한식은 여러 찬을 차려야 하다 보니 번거롭기로 버금갈 문화가 없다. 우리 조상들은 먹을 것도 없었다면서 뭘 이렇게 저렇게 무치고 부치고 조리고 비비고 찌고 볶고 삶고 쑤고 굽고 담가 먹은 건지 이해하고 싶지 않다. 삼시 세끼를 차려 먹는 일은 결코 같은 이름의 예능 프로그램만큼 재미있지 않다.

　요즘에야 외식도 많이 하고 쉽게 배달도 시키지만, 내가 어릴 때만 해도 밥은 남의 집에서 먹어도 집밥을 먹었다. 그리고 밥을 차리는 일은 어머니들의 몫이었다. 성인이 되어 혼자 세 끼를 차려 먹던 어느 날, 나는 왜 엄마가 일주일에 한 번쯤 전을 부쳐 주셨는지 깨달았다. 왜 TV 광고에서 일요일마다 아이들을 요리사라고 치켜세우며 짜장라면을 끓여보라고 부추겼는지 연달아 깨달았다. 그것들은 그나마 손이 덜 가는 음식이었고, 차리는 사람도 밥에 질리는 타이밍이었을 것이다.

어쩌다가 인간이 이 짓을 하루에 세 번씩 하게 된 건지 진실로 원망스럽다. 진짜 절망은 차리지 않아도 끼니를 챙기는 일이 고되다는 것이다. 출근하며 점심 메뉴를 정하는 것만 한 일상의 고뇌가 없다. 퇴근 전에 저녁에 먹을 것을 고민해야 하고, 아침밥은 생각만으로 고역이다. 무엇을 먹을지 고르는 일마저 고통이라는 걸 알기에 사람들은 가끔 각자의 방식으로 끼니를 거르고 때운다. 그리고 부지런히 식사 약속을 잡아 방송이며 유튜브에 나온 맛집을 찾는다. 맛있는 음식, 안 먹어본 음식, 남이 해 주는 음식을 먹고 싶기도 하겠지만 메뉴를 정하는 데 에너지를 쓰고 싶지 않은 마음도 클 것이다.

인류 역사에서 계급이나 신분은 먹을 때에 맞춰 자기 먹을 것을 구하는 게 너무너무 귀찮고 싫었던 사람들에 의해 생겼을 거라고, 나는 생각한다. 힘을 가진 인간이 제일 먼저 남에게 시키고 떠넘긴 일은 끼니를 차리게 하는 일이었을 것이다. 그러고 보니 예전부터 부잣집에서는 식모를 두었고, 요즘에도 맞벌이하는 집에서는 밥해 주는 이모를 부른다. 신분이든 돈이든 끼니로 먹는 것에 일일이 관심을 두고 간섭하는 권력은 없다. 먹고 사는 게, 또 먹는 게 제일 중요하다고들 하지만 먹는 것을 만드는 일은 꼭 내가 해야 할 만큼 중요한 일이 아니다.

이래 고단한지만, 나는 집에 있을 때 웬만하면 밥을 차려 먹는다. 바깥 음식은 막상 생각하면 딱히 먹고 싶은 게 없다. 귀찮을 때는 외식을 하기도 하지만 나는 나가는 게 더 귀찮다. 나에게 외식이란 나간 길에 먹는 일이지 먹으러 나가는 게 아니다. 가끔 배달도 시킨다. 하지만 음식은 역시 만든 자리에서 먹는 게 제일 맛있다는 걸 매번 깨닫는다. 요즘은 비조리 상태로도 판매하는데 그걸 조리하고 있으면 이럴 거면 요리를 할걸 뭔가 부조리한 느낌이 든다. 그러니 주로 샌드위치, 샐러드, 초밥같이 온도 변화가 크지 않은 음식들을 시키고 피자까지는 괜찮은 것 같다. 그런데 배달은 나 하나 편하겠다고 쓰레기를 만들고 사람도 더 부린다. 그래서 그렇게 편하지도 않다. 식당에 가면 옆에서 고기를 구워 주거나 찬을 더 달라고 하여 왔다 갔다 다시 오게 하는 것도 불편한 나는 배달을 시킬 때마다 찝찝하다. 이제 로봇이 음식을 만들고 나른다고 하니 이런 마음을 조금은 덜 수 있을 것이다.

푸짐한 한상차림이나 뷔페는 끼니와 어울리지 않는다. 파인다이닝, 고급 식당도 마찬가지다. 이런 음식과 식사, 식당은 대접이나 접대, 미식, 희소한 경험의 영역이다. 언젠가 한 번 유명 셰프의 요리를 맛보러 간 적이 있다. 색색깔 재료로 화려하게 맛과 멋을 낸 음식들이 무슨 예술 작품 같았지만, 꼬르륵 먹을 때에 맞추어 찾아간 나에게는 그저 한순간 한입에 사라지고 말 것들이었다. 즐길 줄 모르고 가치도 몰라주는 사람의 배나 채우기 위해 주방에서 집중하고 긴장하였을 걸 생각하니 찜찜하다. 특별한 자리였지만 오히려 그 후로 그런 음식을 잘 찾지 않게 되었다.

모든 끼니에 정성을 다할 수 없고, 진심이 담기지 않아도 된다. 밥은 짓지 말고 하기만 해도 되고, 찬이 좀 변변찮아도 괜찮다. 음식 하나에도 차리는 사람의 몸과 마음이 매우 수고롭다는 것을 알면 짐짐하더라도 맛있게 먹을 줄 알아야 한다. 남이 해 준 음식을 먹은 자리에서 바로 평가하여 투덜거리거나 먹을 것도 없다며 부리는 반찬 투정은 예의나 매너 이전에 감사할 줄 모르는 것이다. 그런데 꼭 평소에 밥 한번 하지 않는 사람들이 맛이며 간이며 기가 막히게 알아채고 잘 찾아 먹고 다니니 그건 참 희한한 일이기도 하고, 왠지 억울하기도 하다.

글을 쓰다 보니 배가 고프다. 또 때가 되었다. 환장하겠다. 어쩌다가 인간이 이렇게 된 건지, 하루 세 끼도 모자라 중간중간 간식까지 먹는 내가 진실로 실망스럽다. 가끔 정말로, 나의 에너지가 되는 식동물에게 미안하다. 그들의 살을 들인 만큼의 의미는 있는 삶을 살고 있는지 나 자신에게 물어본다. 그렇다고 대답할 자신이 없기에 근래 들어 적게 간소하게 먹으려고 노력하고 있다.

매 끼니 다 남이 차려주고 날라 주고 떠먹여 줘도 먹는 일은 고달프다. 그런데 안 먹으면 배고프다. 그래서 다음 생이 있다면 인간이 아닌 것으로 태어나고 싶다. 에너지를 만드는 방식의 관점에서는 역시 식물이 최고다. 피부나 머리카락으로 광합성을 할 수 있다면 정말 좋겠다. 그럼 잠깐 볕을 쬐고 들어와 물 한 잔 마시는 것으로 하루를 살 수 있을 것이다. 나가는 것도 귀찮으니 물만 주어도 쑥쑥 크는 콩나물로 태어나면 좋겠다.

동물 중에서는 당연히 새다. 새는 몸이 작고 깃이 가벼워 에너지 효율이 높다. 먹을 것을 씹지 않아도 되는 것은 아주 큰 장점이다. 직박구리가 팥배나무 열매를 물고 있다가 쏘옥 한 번에 통으로 넘기는 것을 봤다. 이빨이 없으니 하루에 세 번 양치질도 안 해도 되고, 일 년에 한두 번 스케일링도 안 받아도 된다. 그런 부리와 위장은 힐힐 히늘을 날 수 있는 날개보다 훨씬 부러운 것이다. 포유류 중에서는 나무늘보를 고르겠다. 나무늘보는 하루에 나뭇잎 세 개 정도만 먹고, 일주일에 한 번 대변을 본다고 한다. 심지어 먹는 일을 아주 귀찮아한단다. 적게 먹으며 신진대사를 느리게 하는 쪽으로 진화한 것이다. 경지에 이른, 늘보대사라 부르고 싶다. 바삐 사는 인간 중에서도 빨리빨리 하는 코리안으로 한 번 태어났으니, 다음번에는 지구 반대편 아메리카에서 느릿느릿 느림보로 살아 보고 싶다.

환생 같은 허튼 상상보다 현실에 기대하는 게 낫겠다. 만화 〈드래곤 볼〉에 선두라는 신비의 콩이 나오는데 한 알만 먹어도 모든 상처와 체력이 즉시 회복되고 일주일 동안 배고픔을 없애 준다. 누구라도 좋으니, 하루 빨리 만들어 주기를 바란다. 두 팔 벌려 환영하겠다.

카메라

꽤 오래 사진을 찍고 있다. 요즘이야 휴대폰에 카메라가 있어 언제 어디서든 사진을 찍을 수 있지만 예전에는 카메라를 따로 가지고 다녀야 했다. 사진 찍기는 재미있는 일이지만 한쪽 어깨에 짊어진 사진기는 항상 조심해야 했기에 성가신 짐이기도 했다.

카메라가 몇 대 있는데 제일 많이 쓰고 있는 건 필름 카메라다. 오래전 여행에서 우연히 중고 카메라 판매장에 이끌리듯 들어갔다. 많은 카메라 중에서 유독 하나가 눈에 들어왔다. 나는 운명 같은 건 없다고 믿지만 어떤 끌림을 운명으로 표현해도 된다면, 분명 운명이었다. 사고 싶다 - 사야 한다 - 산다. 하지만 여행의 마지막 날이라 주머니에는 동전 몇 개가 다였다. 평소의 나라면 그런 일은 하지 않았겠지만, 나는 부모님이 비상용으로 쓰라고 주신 카드를 내 것처럼 꺼냈다. 당시 나는 학생이었고, 그 정도 가격의 물건을 그것도 외국에서 사는 건 처음이었다. 주는 사람의 의도와는 관계없이 그 카드, 아니 카메라는 최고의 선물이 되었다. 그 덕에 지나온 나의 날들이 아름다웠다.

    필름은 롤당 컷 수가 정해져 있다. 물리적 수의 제한은 셔터를 누르는 일을 조금은 신중하게 한다. 물론 수의 모자람으로 좋은 순간을 놓쳐 아쉬울 때도 있지만, 작은 숫자가 주는 안정감 쪽이 더 크다. 디지털은 너무 많이 또 마냥 찍게 되어 오히려 보기도 어렵고 보관도 어렵다.

    필름의 매력은 늦음이다. 찍은 사진을 바로 볼 수 없고, 현상과 스캔 또는 인화 작업이 필요하다. 나는 보통 여러 통을 모아서 한 번에 맡기는데, 그러면 어느 때는 거의 일 년이 다 되어서야 사진을 보기도 한다. 한겨울에 다시 핀, 오래된 올해의 봄꽃이 반갑다. 따가운 태양 아래 반팔 티를 입은, 조금 어린 티가 나는 내가 달갑지만은 않다. 알록달록한 축제의 계절은 아직 가까워서 살갑다. 그저께 다녀온 차가운 겨울 산이 더 까마득한 건 무슨 이유일까. 심지어 안타까운 사건, 사고의 현장을 찾았던 사진에서도 그리움과 애틋함이 묻어난다. 이상하게도 디지털 사진에서는 이런 화학 반응, 갬성이 느껴지지 않는다. 기술이 나아지고 시대가 나아가면 쓸 수 없게 되는 다른 기계들과 달리, 필름 카메라는 오래되어도 그 쓰임과 느낌을 잃지 않는다.

이제와 이상한 고백 같겠지만, 사실 나는 사진을 썩 좋아하지 않는다. 무엇보다 사진을 잘 찍고 싶은 마음이 별로 없다. 기술적으로 좋은 사진을 찍으려면 계속 공부도 하고, 여러 장비도 써 보고, 사람들과 이야기도 나누고 해야 하지만 나는 그런 일을 일절 하지 않는다. 그래서일까, 내 사진은 예나 지금이나 나아진 것 없이 그대로이고 어디 가서 취미라고 말하기도 애매하다. 그저 여행을 갈 때나 가방이 무겁지 않을 때, 카메라를 가져갈 뿐이다. 발길 따라 눈길 가는 대로 셔터를 누를 뿐이다. 그래서 나는 프로는커녕 실력 있는 아마추어도 되지 못하는 것 같다.

내 사진에는 사람이 없다. 사람을 담으려면 어느 정도 가까이 다가가야 하는데 소리를 들킬까, 나는 차라리 찍는 것을 포기하는 편이다. 찰칵- 카메라는 칼이다. 프레임은 시공을 찌른다. 피사체被寫體는 사체死體다. 살아 있는 순간을 가두는 순간, 대상은 숨을 거둔다. 찰칵찰칵- 카메라는 수갑이다. 프레임은 시공을 체포한다. 이상을 위해 일상을 압수하고 수색한다. 대상은 영문도 모른 채 꼼짝없이 앨범에 구속된다. 사진을 찍던 초기, 시장에서 일하시는 분의 모습을 한 컷 찍었는데 버럭 벼락같은 고함이 돌아왔다. 그래도 사진을 얻고 싶으면 말을 건네어 허락도 맡고 넉살을 부려 보기도 해야 하는데, 나는 죄송하다며 돌아 나왔다. 사진을 찍는 데 대한 예의의 문제 이전에, 나는 그렇게 할 정도로 사진을 좋아하지 않는 것이다.

일상에서 찍은 사진은 시간을 얇게 잘라서 박제화하는 것, 그래서 인생의 한 단면을 보여 준다. 천문학에서의 사진은 빛을 모으고 또 모아서 그냥은 보이지 않는 희미한 존재를 보는 수단, 기나긴 시간을 모두 합친 결과물이다. 보통의 사진이 우리의 일상을 시간에 대해 미분하는 것이라면, 천문학에서의 사진은 시간에 대한 적분인 것이다. 어느 물리학자의 글이 내 생각과 같아서 그대로 옮겨놓는다.

우리는 보통의 사진에서 미분한 지난날의 일상을 보고, 천문학의 사진에서 적분한 옛날의 빛을 본다. 그러고 보니 렌즈는 과거로만 향해 있다. 우리는 늘 지금에 있지만 그 지금은 금방 방금이 되고 조금 전이 되고 아까가 된다. 우리가 셔터를 누르는 건 돌아갈 수도 없고 돌려낼 수도 없는 그 과거들을 언제나 지금에 두고 싶은 마음 때문일 것이다. 새것이든 헌 것이든 옛것이든 언제든 카메라가 사람들에게 환영받는 이유다.

그래서 가끔은, 일부러 카메라를 내려놓는다. 어깨를 펴서 이 순간에 온전히 닿는다. 기록되지 않고 증명하지 않아도 삶은 지금, 여기에서 가장 아름다운 것이다.

반짝이는 것

　사람들은 반짝이는 것을 좋아한다. 나도 반짝이는 것을 좋아한다.

　반짝이는 것 하면 제일 먼저 별이 떠오른다. 반짝이는 별을 좋아하지 않는 사람은 별로 없을 것이다. 깜깜한 밤하늘에 빛나는 점이 하나라도 보이면 "저기 별이다!"라는 말이 절로 튀어나온다. 별은 주변이 어두울수록 잘 보이기에 사람들은 도시를 떠난다. 그들처럼 할 수 없었던 나는 플라네타리움을 만들어 방에 별을 들였다. 스위치를 켜면, 얼굴과 팔과 다리 온몸 여기저기에 별이 날아와 박혔다. 그렇게 반짝이는 나를 보는 게 무척 기뻤다.

　반짝이는 것은 눈으로 볼 때 잘고 작아야 한다. 우리가 별에서 멀리 떨어져 있으니 별이 반짝인다고 할 수 있는 것이다. 사실, 별은 불이다. 어느 과학자의 과학자다운 농담처럼 스타는 스스로 타는 것이다. 태양도 별이고 불이지만 눈이 부실 정도로 가까이 있기에 반짝인다고 하지 않는다.

머지않아 우주선을 타고 우리은하를 벗어난다면 태양을 바라보며 "저기 우리 별이다!"라고 할 수 있을 것이다. 우주 크기에 견주면 태양도 하나의 반딧불에 불과하다.

인간에게는 발견한 불도 있고, 발명한 불도 있다. 촛불도 램프도 다 별을 본뜬 것이다. 인간은 날마다 달라지고 달마다 사라지는 달이 아닌 별을 보고 불을 만든 게 틀림없다. 불은 별처럼 밤을 밝힌다. 어둠을 걷으니 세상이 빛난다. 사람들이 도시의 야경을 좋아하는 이유겠다. 어느 여행에서 나는 전망대에 올라 밤의 도시를 내려다보았다. 도로의 가로등, 자동차의 라이트, 간판의 조명, …. 두 발 아래로 온통 별밭이 펼쳐졌다. 지구는 푸른 행성이지만 그 절반은 늘 불타고 있는 별이라고 해도 틀리지 않는다.

물도 반짝인다. 한강 작가는 사람들이 왜 반짝이는 광물을 귀한 것으로 여기는 걸까란 질문에 물의 반짝임이 옛 인간들에게 생명을 의미했기 때문이라는 일설을 가져온다. 빛나는 물은 깨끗한 물이다. 마실 수 있고 생명을 주는 물만이 투명하다. 그의 말처럼 인간은 하얗게 반짝이는 수면을 발견했을 때 찌르는 기쁨을 느꼈을 것이다. 나는 그 문장을 읽으며 윤슬을 떠올렸다. 되비치어 반짝, 반짝이는 점들은 물비늘이다. 물고기 비늘이다. 필시 그 수면 아래로 한 떼의 고기들이 헤엄치고 있을 것이다. 물살을 거스르며

펄쩍펄쩍 몸을 비틀고 있을 것이다. 생기 넘치는 몸부림, 살아 숨 쉬는 생명은 그 자체로 귀하고 아름답다. 윤슬은 그 이름도 청춘 드라마처럼 예쁘고 싱그럽다.

윤슬처럼 반짝이는 것을 산에서도 보았다. 늦은 오후의 등산길, 뉘엿 기운 햇살이 한 그루 나무 위로 드러누워 있었다. 바람이 불자 나뭇잎들이 바람개비 돌듯 팔랑거렸고, 덩달아 그림자도 살랑거렸다. 불투명도를 낮춰 놓은 검은 레이어들이 흔들리며 그 사이사이에서 햇빛 알갱이들이 반짝, 반짝였다. 나는 얼른 스마트폰을 꺼내어 동영상으로 촬영했다. 그것은 어느 늦은 오후의 산책길, 내 발길을 멈춰 세웠던 한강에서 보았던 윤슬과 꼭 같은 것이었다.

겨울이면 눈이 반짝인다. 시골에서는 밤사이 내린 눈이 그대로 쌓인다. 일어나 덜 뜬 눈으로 밖을 보니 하얀 눈이 온 세상을 감고 있었다. 그 더미에서 뭔가가 반짝반짝했다. 꼭 크리스마스카드를 쓰던 하얀색 반짝이 풀 같았다. 누가 그걸 잔뜩 사 와서 마당에 뿌려 놓았을까, 어린 나는 달려 나가 눈을 밟았다. 신이 난 걸음 자국마다 반짝이가 사라졌다. 그런 줄도 모르고 나는 실컷 눈을 밟았다. 그건 분명 세상 물정 모르는 철부지 어린애들이나 하는 놀이다. 하지만 나는 어른이 되어서도 눈을 밟는다. 눈이 내리지 않는 나라에서 태어나 처음 눈을 맞는 사람처럼 팔짝팔짝 뛰기도 한다. 어차피 녹기 전에 없앨 눈이라면 제설차나 넉가래 소리가 지나가기 전에 뽀득 보드득 반짝이는 것 위를 걸어보고 싶은 것이다.

반짝이는 것 중에서 보지 못한 것도 있다.

나는 아직 반딧불이를 본 적이 없다. 밤하늘의 별을 닮은 벌레이니 그 무리는 성군星群이고 군무는 유성우겠다. 그 빛으로 책을 읽었다는 옛말도 있으니 얼마나 밝은지 한번 보고 싶다. 찾아보니 지방에 반딧불이를 볼 수 있는 곳이 있다. 잘 기억해 두었다가 가 볼 것이다. 그러나 나 같은 사람을 끌기 위해 행여 반딧불이를 일부러 키우거나 가두어 놓는다고 하면 가지 않을 것이다. 살면서 하고 싶은 걸 다 하고, 보고 싶다고 다 봐야 하는 건 아니다. 그런 마음을 사그라뜨려도 아쉽지 않은 나다. 들뜬 눈을 감아 보는 것도 어렵지 않은 나이다.

황금도 보지 못했다. 영화에 나오는 수북이 쌓여 있는 금괴 말이다. 그 각진 모서리들이 층을 이루고 있는 걸 본다면 그 가치를 숫자로 바꾸어 세어 보기도 전에 두 눈이 번쩍 뜨일 것이다. 나는 청춘을 다 바친 곡괭이질 끝에 마침내 노다지를 외쳤던 광부처럼 환호할 것이다. 처음 금붙이를 귀에 대 보는 소녀의 마음으로 설렐 것이다. 그러나 빛나는 것을 몸에 걸치는 것은 나이 듦에 대한 보상이다. 머지않아 숙녀는 소녀였던 때가 나이만으로 빛났던 시절이었음을, 그때가 젊음을 잃기 시작한 처음이었음을 알게 될 것이다. 청춘은 이미 까만 탄광 속에서 그 빛을 거뒀다. 나는 그런 어른의 황금을 갖고 싶지 않다. 그저 한 번쯤 보고 싶을 뿐이다.

어느 모임에서 할머니뻘 되는 분의 어릴 적 이야기를 들었다. 할머니는 바닷가 근처 마을에서 살았다. 하루는 오빠가 밤낚시를 하러 간다고 하기에 자기도 가겠다고 졸랐다. 친구들과 노는 데에 코흘리개 동생을 데려가는 오빠가 어디 있을까. 안 된다고 했지만, 여자애는 울고불고 떼를 써서 기어이 따라갔다. 그리고 마주한 껌껌한 밤바다에서 수많은 점이 반짝이는 것을 보았다. 할머니는 머리가 하얗게 세어가는 노인이 되었는데도 지금도 그 광경이 눈앞에 생생하다고 했다.

발광하는 해파리 떼. 이런 이야기를 들으면 살아볼 수 없었던 옛날에 샘이 난다. 그 어린 눈이 얼마나 빛났을까, 반짝이는 것 중에서 가장 보고 싶은 것이다.

경복궁에서

 아내와 대화하던 중 경복궁 이야기가 나와 가기로 했다. 그러잖아도 출퇴근하고 이동하며 수없이 지나치던 곳을 가 본 적이 없다고 했던 아내의 말이 마음에 걸려 있던 터였다. 나도 가 본 지 오래되어서 더 미루지 않기로 하고 나갈 채비를 했다.

 책에서 읽은 것인지 라디오에서 들은 것인지 확실하지 않지만, 궁궐은 비 오는 날에 가야 더 운치 있다고 한 것을 기억하고 있었다. 그래서 날씨에 맞춰 가 보면 좋겠다고 생각하고 있었는데 공교롭게도 그날은 아침부터 부슬부슬 비가 내렸다. 들뜬 마음에 아내에게 그 말을 해 주었더니 아내도 오, 그러냐며 좋아했다.

 도착하니 늦은 오후였는데도 사람이 많았다. 궂은 날씨에 불편할 텐데도 외국인들은 거의 한복을 입고 있었다. 선글라스를 쓴 사람도 있었고, 히잡을 두른 여성도 있었다. 한복은 묘하게 안 어울리는 그들을 다 아울렀다. 세종

대왕님이 이 광경을 보시면 놀라실까 봐 돌아서 앉아 계신 게 아닐까 웃기지 않는 농담을 하며, 한국인이면서도 한복을 언제 입었는지 기억 못하는 우리는 매표소로 향했다.

흥례문으로 들어서니 마침 정각이라 막 해설을 시작하고 있었다. 생각도 않고 왔는데 들어보는 게 좋겠다 싶어서 따라다니기로 했다. 경복궁은 조선왕조의 법궁으로 나랏일을 하는 근정전을 중심으로 여러 건축물이 있는데 소실과 중건 등 부침을 거듭하여 …. 오래전에 교과서로 공부했던 것들이 새록새록 기억났다. 전혀 몰랐던, 처음 듣는 내용도 많았다. 역사는 과거의 일이지만 현재에도 그 이야기는 늘 새로 쓰인다. 또 누가 어떻게 말하느냐에 따라 재미있기도 하고 지루하기도 하다. 우리는 해설사의 말을 따라 경회루와 강녕전, 교태전까지 둘러보았다.

비 오는 날의 궁궐은 참 좋았다. 비의 소리가 폭신폭신 귀를 감쌌다. 흙 풀 나무 향을 섞은 비의 내음이 물씬 코를 물었다. 비를 쓰는 기와와 비를 입는 돌담과 비를 신는 박석과 비를 벗는 우산들까지, 옷을 갈아입히는 비의 진한 농에 걸으며 보는 내내 웃었다. 누구의 말처럼 궁궐 관람은 가히 우중 궁궐雨中 宮闕이 제일일 것이다.

우리는 우산을 나눠 쓰고 좀 더 걸었다. 연못을 두른 향원정 뒤로 북악산에 운무가 드리웠다. 풍경 속으로 풍덩 빠져 옛사람이 되어봤다. 만약 내가 조선시대에 태어났다면 왕으로 태어나지는 않았을 것이다. 양반도 못 되었을 것이고, 내시는 말리고 싶다. 나는 서울에서 멀리 떨어진 어느 시골에서 백성이나 노비로 태어났을 것이다. 임금님이 산다는 구중궁궐을 들어서만 알 뿐, 어떻게 생겼는지 몰라 평생 꿈에서도 한 번 가 보지 못했을 것이다. 그렇게 생각하니 내가 지금 이곳에 들어와 있는 것이 어색했고, 한편으로 감사했다. 왕조가 저물고 신분이 사라진 시대에서 태어나 살고 있기에 옛날 같으면 감히 얼씬도 못 했을 곳을 유유히 거닐고 있는 것이다.

느긋하게 비의 농담을 즐기다가 마치는 시간이 된 것을 알고 걸음을 서둘러 나왔다. 미리 찾아봤던 근처 식당에서 저녁을 먹었다. 손님들은 대부분 우리보다 젊은 사람들이었고 다들 맥주 한 잔씩 하는 분위기였다. 그들 틈에서 조용히 식사만 하고 나왔다. 경복궁도 그 식당도 나에게 썩 어울리는 곳은 아니었지만, 곁을 함께하는 사람이 있어 참 다행이었다.

미세먼지 좋음

미세먼지가 자욱하다. 나는 닫혀 있는 창문을 닫는다.

날씨 앱을 켜니 '매우 나쁨', '324'. 글자와 숫자가 온통 빨갛다. 이런 날은 일정이 없는 한 나가지 않도록 한다. 장을 보는 일도 쓰레기를 버리는 일도 미룬다. 창문을 열지 못하니 실내가 탁해진다. 공기청정기를 돌린다. 그래도, 답답하다. 잠깐이라도 신선한 공기를 들여 환기하는 게 좋겠지만 먼지가 가시지 않는 한 닫은 창문을 닫아 둔다.

일정이 있으면 어쩔 수 없이, 나간다. 외부 노출을 피해되도록 실내로 이동한다. 밖에서는 꼭 마스크를 쓴다. 마스크는 오래 쓸 수 없기에 계속 사야 한다. 차를 타고 실내 주차장에서 실내 주차장으로 이동하는 사람들은 마스크를 쓸 이유도 살 필요도 없다. 하지만 정작 미세먼지를 만들고 공기를 오염시키는 것들은 그 뒷구멍에서 나온다. 그런데, 미세먼지가 심해서 차를 타야만 하는 상황도 있다. 악순환이다.

옛날 우리 조상님들은 화륜거火輪車에서 내뿜는 검은 연기 때문에 날씨가 나쁘고 가뭄이 든다며 달리는 기차에 달려들었다. 저놈의 쇠 당나귀 다리몽둥이를 부러뜨리겠다며 몽둥이를 든 것이다. 오늘날 달리는 차 바퀴를 터뜨리겠다고 도로에 무단으로 뛰어들었다가는 횡단보도 유무에 따라 도로교통법 10조 2항 또는 5항 위반으로 범칙금을 내야 한다. 법을 잘 지키고, 범칙금을 내는 것도 아까운 나는 그리할 수 없으니 조상님들 틈에 슬쩍 나를 그려 넣어 본다. 그래도 그때가 공기도 하늘도, 사람도 맑았다.

미국의 화학자 클레어 패터슨은 자동차에 유연有鉛휘발유가 사용되기 시작하면서 대기 중 납 성분이 증가한다는 사실을 알았다. 그는 수십 년 동안 문제를 알리기 위해 힘썼고, 기업들의 압박에 맞서 싸웠고, 노력 끝에 모든 휘발유를 무연無鉛으로 바꾸어 내었다. 로마제국이 멸망한 유력한 원인으로 납을 지목하는 가설이 있고, 납 노출로 인간 지능 지수가 하락했다는 연구도 있다. 만약 그때 그가 그 일을 해내지 못했다면 어쩌면 지금쯤 인류는 자멸했을지 모를 일이다. 패터슨과 그를 지지하고 후원했던 사람들 덕분에 공기와 하늘이 맑아졌고, 사람도 맑아졌다. 지구 반대편에서 늦게 태어나 그런 일이 있었는지도 모르고 살았던 나는 이 짧은 글로나마 감사함을 전해 본다.

조상님들이나 패터슨과 같은 마음으로 미세먼지를 비롯한 환경문제 해결을 위해 노력하는 사람들이 많다. 반면 지구 온난화나 기후 위기가 거짓이고 과장이라며 논점을 흐리려는 사람들도 있다. 하지만 관련 지식이나 최신 정보를 몰라도, 보고 듣고 맡고 만지고 맛보는 감각만으로도 우리는 지금 자연의 상태가 어떠한지 알 수 있다. 특히 코로나19 대유행을 겪으며 인간의 멈춤이 자연을 춤추게 하는 것을 똑똑히 확인했다. 그때처럼 인간이 완전히 정지해 있어야 하는 건 아니지만, 우리가 목표를 낮추고 속도를 늦춘다면 자연은 원래의 모습으로 되돌아가려는 엄청난 회복력을 보여줄 것이다.

설사 기후 위기가 사실이 아니라고 해도, 자연을 덜 파괴하는 방식을 고민하고 추구하고 그렇게 행동하는 것은 우리에게 좋은 결과로 돌아오지, 환경을 더 나쁘게 만들지 않을 것이다. 그리고 그런 말에 속아서 세상이 맑아질 수 있다면, 나는 세 번이고 네 번이고 몇 번이고 속을 것이다. 나도 사람들을 속일 것이다.

세상이 내 맘대로 되지 않는다는 걸 알기에 바라는 게 딱 하나뿐이다. 언제든 마음껏 창문을 열 수 있는 '좋음', 늘 파란 오늘이었으면 좋겠다.

오
로
라

오로라를 보고 왔다고 하면 모두 부러워한다. 열이면 열이 그랬으니, 백이면 백도 그럴 것이다.

북쪽으로 떠난 여행에서 오로라를 볼 수 있었던 밤은 다섯 번이 있었는데 그중에서 세 번을 보았다. 열 시간 넘게 비행기를 타야 하는 여정, 열흘을 머무르는 일정에도 흑같이 까만 하늘만 보고 돌아오는 사람이 많다는 걸 알고 있었기에 날짜와 장소를 참 잘 고른 여행이었다고 하겠다. 내 이야기를 들은 지인이 복이 많은 거라고 말해 줘서 기분이 좋았다. 세 번의 오로라가 다 다른 모양이어서 더 특별한 기억으로 남아있다.

운이 좋게도, 첫째 날부터 오로라를 봤다. 그곳은 사방이 암흑뿐인 도시의 강변이었다. 언제 어디에서 어떻게 나오는지, 안 나올지도 모르는 오로라를 찾아 이리저리 고개를 돌렸다. 다행히 그리 오래지 않아 저 멀리 야트막한 산 뒤에서 초록 선 하나가 나타났다. 선은 점점 가까워졌고

두꺼워졌다. 마법사가 빗자루를 타고 나는 듯, 그려지는 선 주위로 가루가 부려지며 칠흑이 초록으로 물들어갔다. 빨주노초파남보 일곱 가지 색깔 중에서 유일하게 본 적이 없었던 초록 하늘이었다. 황홀했다. 두 눈은 마법에 홀렸고, 이유를 알 수 없는 눈물이 흘렀다. 우리는 신이 나서 언 강 위에 벌러덩 드러누웠다. 등은 시렸지만 눈은 포근했다. 신비로운 그 마법이 곧 풀리지 않았다면, 아마 그대로 영영 깨지 못할 잠에 들었을지도 모른다.

두 번째 오로라는 지대가 높은 곳에서 봤다. 주변이 어두울수록 오로라를 잘 볼 수 있다고 하여 도심에서 떨어진 곳에 잡은 캠핑장의 숙소였다. 오로라는 불쑥 나타났다. 저녁을 먹고 방에서 쉬고 있는데 밖에서 비명이 들려왔다. 단걸음에 문을 박차고 나가 위를 보니, 세상에! 오로라가 아래로 쏟아지고 있었다. 도깨비불 같다고 해야 할까 광선검이라고 해야 할까. 불꽃들이 정신을 잃은 듯 미친 듯 날뛰고 있었다. 순간, 현란한 그것이 실재할 수 있는 것인지 혼란스러웠다. 현실이 아니었고, 환상이었다. 아주 먼 옛날 이곳에서 살았던 사람들은 오로라를 여우 불이라고 불렀는데 그 불이 나타나면 집으로 들어가 문을 닫고 사라질 때까지 숨어있었다고 한다. 전해오는 이야기처럼 그들에게 그 불은 조상의 영혼이었고, 신의 속삭임이었으리라. 지금 우리는 오로라가 어떤 현상인지 잘 알고 있지만, 혼을 쏙 빼놓는 그런 불을 가만히 빤히 바라만 보고 있을 수 있는 사람은 그때에도 지금도 없을 것이다.

다음 날, 아침에 만난 직원이 인사를 건네며 어제 오로라를 봤냐고 물어왔다. 그는 약간 상기된 말투로 자기도 지금껏 여기에서 일하는 동안 그런 오로라는 처음 봤다고 했다. 그 말에 눈앞에서 다시 불이 번쩍였다. 나는 신이 나서 그만 "The sky does not work."라고 현재시제로 말하고 말았다. "하늘이 고장난 것 같다"고 했던 아내의 말이 생각나 내 나름으로 옮겨본 것이다. 그가 그 말을 어떻게 받아들였을지 지금도 가끔 궁금하다.

우리는 숙소를 한 번 더 옮겨야 했다. 조금이라도 북쪽으로 가야 오로라를 볼 수 있는 확률이 높을 거라는 생각에 잡은 일정이었다. 이제 와 돌아보면 오로라를 보기 위해 그 정도 북위까지는 가지 않아도 되었다.

이곳의 겨울은 오후 두 시면 해가 떨어진다. 그런 이른 밤에 금세 익숙해진 우리는 가장 길고 느린 저녁을 먹었다. 오로라를 더 보지 않아도 되었지만, 마지막 밤이었기에 길을 나섰다. 어둠을 찾아서 지도 앱을 켜고 낯선 동네를 걸었다. 도시는 온통 목화솜 이불처럼 두툼한 눈으로 덮여 있었다. 그 눈에 아슴푸레 스치는 푸른 반사광으로, 구름으로 스미는 발간 달무리로 밤은 의외로 까맣지 않았다. 계절의 반대인 한여름에 여기에 있어 본 적은 없지만, 분명 이곳의 백야白夜와 대비되는 흰 밤이리라.

    우리는 차가 드문 도로를 지나 낮은 아파트를 뒤로하고 어느 천변에 도착했다. 짙고 진한 어둠이 전부인 그곳에서도 오로라를 보았다. 잠자는 아기의 숨처럼 잔잔하게 피었다가 이내 지고 마는 오로라였다. 이미 황홀하고 환상적인 오로라를 보았기에 아쉬울 게 없다고 생각했었다. 하지만 이 밤이 끝이라고 하니, 잠깐이라도 조금이라도 더 잡고 싶었다. 옅고 엷은 그 초록이 스치기만 해도 자꾸만, 자꾸만 마음이 설레는 것이었다.

개기일식

 개기일식을 보러 가기로 한 결정은 매우 즉흥적이었다. 모 콘텐츠 회사에서 일식여행단을 모집한다는 소식을 듣고 무조건 가야겠다고 생각했다. 살면서 무슨 일을 그렇게 빨리 결정한 건 몇 손가락에 꼽을 만한, 매우 드문 일이다.

 모든 여행에서 날씨가 중요하지만 개기일식은 특히 더 그렇다. 구름이 많이 끼거나 비가 내리면 잘 볼 수 없기 때문이다. 그래서 일찍부터 몇 달 후의 날씨를 걱정하는 사람들이 있었지만 나는 전혀 걱정하지 않았다. 그냥 당연히 볼 수 있을 거라는 예감이 들었기 때문이다.

 내 예감대로 그 날은 아주 맑았다. 해는 쨍했고, 하늘에는 구름 한 점 없었다. 기대했던 개기일식을 볼 수 있다는 사실에 모두 기쁜 얼굴이었다. 넓은 공원에 터를 잡은 우리는 삼삼오오 모여서 약속된 시간을 기다렸다. 한쪽에는 전문가가 망원경을 설치해서 일식의 진행 과정을 관찰할 수 있었다. 순서를 기다려 나도 한 번씩 들여다봤다. 동그란

크래커를 점점 크게 베어먹는 모양으로 태양의 크기가 조금씩 줄었다. 그것을 보면서 일식은 달마다 사라지는 달이 되고 싶은 해의 꿈이 아닐까 생각이 들었다. 어느새 동네 주민들도 하나둘 우리 주변으로 모여 들었다. 시간에 맞춰 일식을 보러 나온 것이겠지만, 그들에게는 별 볼 것 없는 동네에 찾아든 한 무리의 검은 머리 이방인들을 보는 것도 일생의 재미난 구경거리였을 것이다.

시간이 거의 다 되었는데도 아무 일도 생기지 않았다. 그런데 갑자기, 하늘이 어두워졌다. 정오로 가던 아침이 초저녁처럼 짙고 푸른 어스름으로 물들었다. 한여름의 땡볕 더위가 사라지며 공기가 차가워졌고, 가을 같은 선선한 바람이 살에 닿았다. 살짝 추웠다. 마침내. 달이 태양을 가렸다. 우리는 안경을 벗고 맨눈을 태양으로 향했다. 하늘에 뚫린 구멍, 테두리가 이글거리는 동그라미, 한 번도 본 적 없는 그믐의 해, 검은 태양이었다. 기분이 기운이 묘하다. 해가 꾸는 꿈 속이다. 우와아 여기저기서 소리가 터진다. 모두 기쁨에 기뻐, 기뻐서 웃고 운다. 그렇게 한동안 몽롱한, 그러나 일장하몽一場夏夢. 꿈에서 깨어 달이 해를 게우니 모든 게 거꾸로 돌아온다. 추위와 선선한 바람과 차가운 공기가 물러나고, 땡볕 더위가 시작되며 짙고 푸른 어스름이 물이 다 빠져나간, 다시 정오로 가던 아침이다.

겨우 몇 분 되지 않는 이 짧은 시간에 지구의 모든 것이 빛으로 가능하다는 사실을 깨닫게 된다. 반대편의 그림자 덕분에 세상이 아름답다는 것을 느끼게 된다. 개기일식을 잘 촬영해 놓은 동영상들이 많이 있지만 눈으로 보는 것만으로는 이 신기한 비현실에 닿아있을 수 없다. 그래서 개기일식은 눈으로 '보다'가 아니라 그때 그곳에 '있다'로 서술하는 게 더 정확한 표현이겠다.

개기일식의 현장에 있었던 것은 인간이 지식을 가진 위대한 존재라는 것을 증명하는 경험이기도 했다. 가로등의 센서는 어스름을 밤으로 인식해 불을 켰고, 나뭇가지에 앉아 있던 새들은 푸드덕 황급히 날아올랐다. 그것을 보면서 기계와 동물은 알지 못하는, 오직 인간이기에 가능한 앎이 두려움에 맞설 힘이라는 걸 알게 되었다. 약 백 년 전, 에딩턴은 개기일식 관측을 통해 아인슈타인의 일반 상대성 이론이 예측한 시공간의 휘어짐을 입증했다. 내가 그들처럼 시간과 공간의 얽힘에 대해 가설을 세우거나 설명하지는 못하지만, 찰나에 영원이 있고 영원이 찰나라는 것쯤은 감각할 수 있었다. 어느 순간 태양과 달이 겹치게 될 때면 모든 것을 이해할 수 있을 거야~ 문득 즐겨 부르던 노랫말이 떠오른다. 그때를 실감하고 나니 가사가 다시 들린다. 다시, 노래를 듣는다.

어느 과학자는 날씨가 흐리지 않은 덕에 개기일식을 봤던 기쁨을 담담하게 일기에 썼다. 어느 과학 소설가는 한 강연에서 가장 놀랍고 경이로운 이 자연 현상을 한 번은 경험하라고 했다. '사람은 개기일식을 본 사람과 그러지 않은 사람으로 나뉘고, 삶은 개기일식을 보기 전과 후로 나뉜다.' 이미 여러 번 개기일식의 현장에 있었던 일행 하나가 말했다. 그 말을 듣고, 나도 사람들에게 똑같은 말을 하게 될 거라는 예감이 들었다. 나는 사람들에게 무엇을 잘 추천하지는 않지만, 인생에서 기회가 몇 번 없는 개기일식은 꼭 권하고 싶었다.

하지만 곧 그만두기로 했다. "혹시 무슨, 종교 있어요?", "그게 날짜와 시간을 그렇게 일찍 알 수 있는 거예요?" 내 여행 이야기에 돌아온 매우 인상적인 반응들이다. 과학을 조금만 아는 사람이라면 기가 찰 물음과 의심의 눈초리, 이어지는 심드렁하고 미지근한 표정들에 적잖이 실망해서 더 이상 아무에게도 말을 꺼내지 않기로 했다.

시골 가는 길

휴가를 나오니, 시골에 사시는 할머니가 올라와 계셨다. 오늘 하루 주무시고 내일 내려가신다고 했다. 저녁 식사를 하던 중 부모님은 나에게 할머니를 모셔다드리면 어떻겠냐고 하셨다. 할머니를 끔찍이 챙기시는 두 분이지만 그때만큼은 아들 덕을 보며 쉬고 싶으셨던 것 같다. 옆에서 친척들도 바람을 잡는 분위기에 알겠다고 했다.

다음날, 아침을 먹고 기차역으로 갔다. 할머니가 서두르신 바람에 예매한 시간보다 많이 일찍 도착했다. 긴 기다림이 더뎌 매표소 직원에게 물었더니 앞 기차는 좌석이 한 장밖에 없다고 했다. 살짝 고민했지만 얼른 모셔다드리고 빨리 올라오고 싶은 마음이 먼저라 시간을 당겼다.

할머니는 좌석에 앉고, 옆자리가 비어서 나도 일단 앉았다. 재수가 좋으면 계속 앉아 갈 수도 있을 것이다. 하지만 다다음역에서 주인이 나타나 자리를 내주었다. 두세 시간은 더 가야 하는데, 옆에 계속 서 있기가 좀 그래서 객실 밖으로 나갔다. 덜컹덜컹- 덜컹덜컹- 덜컹덜컹- 심심했다.

차창 밖 풍경이 기차를 빨리 달렸지만 핸드폰 시계는 일, 이, 삼, 사, …, 육십을 세는 동안에도 제자리였다. 괜히 친구들에게 문자를 보냈다. 이럴 때 답은 올 때까지 늦다. 일, 이, 삼, 사, …, 다시 세다 그만두었다. 그건 느린 시간을 늘이는 바보 같은 셈이었다. 두어 명에게 답장이 왔지만 다시 보낼 말이 없었다. 심심했다.

혹시나 할머니가 찾으실까 한 번씩 얼굴을 보였다. 내 걱정과는 달리, 할머니는 옆에 앉은 아주머니와 신나게 이야기하고 계셨다. 내가 다가가니 저기 우리 손자라며 소개까지 하셨다. 꾸벅 고개를 숙여 인사를 드렸다. 빈자리도 없고 사람들로 붐벼서, 왔던 길을 돌아 걸었다. 멀어지는 귀에도 할머니 목소리가 들려왔다. 얼른 문을 닫고 객실 밖으로 들어왔다. 덜컹덜컹- 덜컹덜컹- 덜컹덜컹- 쇠바퀴 소리가 말보다 덜 시끄러웠다.

한 한 시간쯤 지나 다시 와 보니 할머니 옆자리가 비어 앉았다. 아주머니와 대화하느라 진이 다 빠지셨는지 손자와는 별로 할 이야기가 없으신지 할머니는 창밖만 보고 계셨다. 얼마 후 차내 판매를 하는 승무원이 카트를 끌고 우리 칸으로 들어왔다. 할머니는 우리 손자 먹고 싶은 걸 사주겠다고 하셨다. 생각이 없다고 했는데 계속 말씀하셔서 달걀도 먹고, 사이다도 마셨다. 맛있었다. 자리 주인이 나타나지 않아 계속 앉아 갔다. 그동안 내 머릿속은 이따 저녁에 올라와서 뭐 하지 생각뿐이었다.

끼익끼익- 끼이이익- 내려서 기차역을 나오는데 할머니가 점심을 먹고 가자고 하셨다. 밥을 먹을 계획은 없었는데 집에 가도 밥이 없다는 말씀에 바로 앞에 있는 허름한 식당에 들어갔다. 식사 시간이라는 게 민망하게 손님은 우리밖에 없었다. 주인아저씨는 음식을 내주고는 신문을 읽었다. 나른한, 그러다 곧 좀 졸 것 같은 시골의 오후 풍경이었다. 텔레비전에서는 소리 없이 뉴스가 틀어져 있었다. 나만 빼고 세상은 바삐 돌아가고 있었다.

택시를 탔다. 십여 분을 달려 마을 어귀에 도착했다. 좀 더 가서, 길이 넓은 교회 앞에서 섰다. 시골집은 100m 정도 더 가야 했지만 들어가면 차를 돌려 나오기 어려웠다. 내가 요금을 내고 거슬러 받는 사이, 할머니는 진작에 내려 걷기 시작하셨다. 부윽부윽- 바닥을 비비던 고무바퀴가 부아아앙- 길을 빨리 달렸다.

몇 걸음을 뛰어 되똥되똥 걷는 할머니를 따라잡았다. 할머니는 인기척을 느끼시곤 느닷없이 손자 이야기를 시작하셨다. 손자가 꼬마였을 때 시골에 오면, 저어기 버스에서 내려서 할미- 할미-를 부르며 뛰어왔다는 이야기였다.

그 쪼그만 것이 월매나 귀여웠는지 모른다는 이야기였다. 그랬던 애가 발쎄 이만치 커서 군인이 됐다는 이야기였다. 슬쩍, 뒤를 돌아보았다. 지나온 교회를 지나 논밭을 지나 저기, 버스 정류장이 있다.

    엄마 아빠 손을 꼭 잡고 기차가 지나간 뒤에 철길을 건넌다. 어른 둘에 아이는 공짜였나, 회수권을 내고 버스를 탄다. 구불구불 굽은 신작로를 이삼십 분 가면 저기, 십자가가 보인다. 창밖으로, 할머니다! 자동으로 문이 열리면 나는 엄마 아빠 손을 뿌리치고 할미를 향해 달린다. 다니던 차도 없고 휴대전화도 없던 시절, 할머니는 진즉에 교회 앞 의자에 앉아 어느 버스를 타고 올지 모를 아들 며느리 손자를 기다렸다.

    다시 고개를 돌리니, 할머니는 벌써 저만치 작아졌다. 집에 좀 있다가, 늦지 않게 올라가라고 하셔서 나왔다. 돌아오는 길이 느렸다. 그 길을 늘였던 적은 그때밖에 없었다.

연락

  드륵. 문자가 온다. 광고겠거니 슬쩍 화면을 보니 알긴 아는 이름이다. 보기를 눌러 문자를 읽는다. 식상한 인사말을 쭉쭉 넘기니 새로 시작한 사업을 알리는 내용이다. 광고가 맞다. 잠깐 일하며 소개만 받았던 사이인데 나한테까지 문자를 보내나 싶다. 답을 하지 않기로 한다.

  톡. 알림 소리와 함께 메신저에 숫자가 뜬다. 잊고 지냈지만 그래도 반가운 이름이다. 잘 지냈냐며 안부를 주고받는다. 몇 번의 메시지가 오가던 중, 자신이 하는 행사가 있는데 보러 오란다. 결국 홍보다. 일정을 보고 갈 수 있으면 연락을 주겠다고 답을 한다.

  그다지 친하지도 않고 자주 소식을 주고받지도 않는 사이인데 필요하니 연락한 것이다. 그들로서는 사람 한 명이 아쉽겠지만, 나를 어떻게 생각하는 건지 기분이 영 별로인 것도 사실이다. 그래도 이들은 인사라도 해 주었으니, 기본은 된 사람들이다. 이미지 하나 툭 올려놓고 아무 말도 안

하는 사람도 있다. 어쩌라는 건지 ….

그런데 생각해 보니, 연락은 필요할 때만 하는 것이다. 소식을 전할 때, 물어볼 게 있을 때, 이야기하고 싶을 때, 약속을 잡을 때, 상황을 알려야 할 때, 사람을 좋아할 때, 광고나 홍보를 할 때 등등이 다 필요해서 하는 연락이다.

생각해 보니, 나도 필요할 때만 연락을 한다. 예로, 나는 일이 있을 때만 부모님께 전화를 드린다. 어쩌다 별일 없이 할 때는 '전화 한번 드려야겠다'는 생각에서다. 효자는 못 되어도 최소한의 자식 된 도리를 하고자 하는 마음에서 하는, 필요해서 하는 연락이다. 어느 방송에서 매일 노모에게 안부 전화를 드린다는 사람이 소개되었다. 그는 아버지가 돌아가신 후로 어머니와 전화로라도 시간을 보내야겠다는 생각에 무조건 하루에 한 번 전화를 드린다고 했다. 횟수만 다를 뿐, 나와 그는 필요한 것이 같다.

이런저런 연락이 온다. 곤란한 부탁도 있다. 평소에 연락 한번 없던 사람들은 얄미운 게 사실이다. 하지만 그것은 나의 생각이다. 도울 일이라면 형편에 맞게 돕고, 안 된다면 처지를 들어 거절하면 된다. 오히려 곤궁한 상황을 이겨내려 내었을 용기와 나를 떠올려 준 마음을 살필 일이다. 나와 연락했던 횟수는 그 삶의 무게를 잴 수 있는 저울이 아니다. 그러니 정말 별것도 아닌 일로 나에게 그냥, 또 종종 연락하는 사람이 있다면 그대로 기뻐할 일이지, 그와 비교하며 그러지 못한 사람을 비난할 것은 없다.

연락은 하는 것보다 받는 것이 중요하다. 연락이 오면 바로바로 받아야 하고, 받지 못했으면 늦지 않게 연락을 주어야 한다. 연락을 잘 받는 사람과는 어떤 일도 함께할 수 있고, 힘든 일을 해도 힘이 빠질 일은 없다. 다툴 일이 생겨도 뒤탈이 없다. 친구가 그런 사람이라면 그와의 연락은 언제나 편하고 즐거울 것이다.

오래도록 연락을 받지 않는 것은 해서는 안 되는 일이다. 전화도 안 받고 며칠째 메시지도 읽지 않는다면 연락한 사람은 짜증이 나다가 화가 나다가 결국 겁이 난다. 한 달이 넘게 연락을 안 받다가 아무 일 없었다는 듯 나타난 사람이 있었다. 사정을 물어보니 그냥 좀 힘들어서 그랬단다. 이는 잘못이다. 지극히 자기밖에 모르는 애송이고, 소중한 것을 가져 본 적 없는 겁쟁이며, 남들의 관심에 걱정까지 얹어서 먹고사는 변종 관종이다. 옷깃을 스칠 정도로 가까이 닿지 않아도 얼굴이 익고 이름을 알면 신경이 쓰이는 게 인연의 법이다. 친소의 거리를 따지기 이전에, 관계된 것들은 서로의 존재가 확인되어야 한다.

그러니 어떤 연락이든 늦지 않게 받아야 한다. 그리고 어떤 연락이든 그래도 하는 것이 낫다.

스몰 토크

 자기소개는 힘들다. 남 앞에서 나를 설명하는 단어를 찾아 꺼내는 건 어렵다. 차례를 기다리는 시간은 느리고 심장은 빠르다. 별 효과도 없다. 살면서 지금껏 자기소개가 기억에 남아 있는 사람은 캪틴큐, 킹콩샤워, 애기엄마뿐이다. 해괴한 주문과 동작 때문일까 수없이 반복했기 때문일까, 인상적이었던 그 모습이 아직도 눈에 선하다. 이외의 누가 자기소개를 한 장면은 도통 기억에 없다.

 아이스 브레이킹은 힘겹다. 첫 만남의 서먹함을 차가운 얼음으로 규정한 것부터, 그것을 깨야 한다고 하는 방식까지 다 마음에 들지 않는다. 거센 바람으로 나그네의 코트를 벗기지 못하듯 분위기를 부드럽게 만드는 건 따뜻한 환영과 환대일 것이다. 처음의 잠깐, 그 어색함을 견디지 못해 깨부수겠다는 정의는 매우 폭력적이다. 열심히 준비한 주최자에게는 미안하지만, 나 같은 사람에게는 역효과만 나는 프로그램이다.

내게는 스몰 토크가 이 둘과 비슷하다. 부담 없고 가볍다는 이야기가 제일 버겁고 무겁다. 스몰 토크의 가장 큰 문제는 시간에 있다. 오늘의 날씨 이야기까지야, 오케이. 하지만 스멀스멀 기어가며 한 점을 먹을 때마다 몸이 길어지는 게임의 뱀처럼 스몰 토크는 조금씩 조금씩 길이를 늘이다가 결국 롱 토크가 된다. 어느 작가의 작가답지 않은 농담처럼, 스몰 토크의 스몰은 스스로 몰沒하는 것이다. 분위기를 만든다는 스몰은 미끼일 뿐, 토크는 결국 긴긴 수다로 빠지는 경우가 대다수다.

실제로 엄청난 일을 겪은 적이 있다. 그리 진지하지 않은, 어느 회의 자리였다. 나를 포함해 셋이 모였는데 하나는 아는 사람, 다른 하나는 그날 처음 보는 사람이었다. 내가 알기로 둘도 그리 친한 사이는 아니었다. 내가 도착하니 둘은 이미, 무슨 드라마 이야기를 하고 있었다. 공식 회의까지는 시간이 남았기에 나도 대화에 끼어 리액션도 하고 추임새도 넣었다. 그런데 뻥을 조금 팍팍 쳐서, 주제는 뱀파이어-스위스-아토피-다이아-IP-MBTI-자전거-순대 간으로 이어졌다. 순식간이었다. 아무 설명 없이 이 단어들을 보면 어리둥절할 것이다. 끝말잇기로 쭉 이어진 단어에서 등차나 등비수열의 순서로 뽑았다고 하면 믿을 수 있을까,

인공지능 챗봇에 랜덤 단어를 요청했을 때 이와 비슷하게라도 나올 확률은 얼마나 될까. 나도 아토피에서 공감하지 말았어야 했다. 다이아를 뒤집다 나온 아이에서 피가 난다고 할 때 말렸어야 했다. 돌아보니, 그건 세상 거의 모든 것을 다룬 것 같았지만 다 헛소리뿐인 빅 토크였다.

나는 그날 처음 본 사람이 어릴 때 뱀파이어가 되고 싶어 했다는 걸 알았다. 순대 간을 안 먹었는데 눈에 좋다는 소리를 듣고 최근에 먹기 시작했다는 걸 알았다. 그런데 내가 왜 그걸 알아야 하는지는 몰랐다. 왜 그걸 그 지금에 알아야 했는지는 지금도 모른다. 나는 그저 그 많은 이야기를 그 짧은 시간에 쏟아낼 수 있는 사람이 신기할 뿐이었다. 그 때문에 진짜로 해야 할 이야기는 조금 늦게 시작하게 됐지만, 다행히도 회의는 금방 끝났다.

아직도 나는 하등 쓸데없었던 잡담이라고 생각하지만, 아마도 그는 회의 전에 분위기를 즐겁게 끌어낸 아주 훌륭한 스몰 토크였다고 생각하지 않았을까. 그의 스몰 토크는 신비롭기는 했지만 더 알고 싶지 않은, 모르면 더 좋았을 미지의 세계였다.

트로트와 클래식

 음악을 고루고루 들으려고 하는 편인데 잘 찾아 듣지 않는 두 장르가 있다.

 하나는 트로트다. 사실 트로트는 일부러 찾지 않아도 듣게 된다. 텔레비전에서 라디오에서 축제에서 거리에서 여기저기에서 흘러나온다. 쿵짝쿵짝 쿵짜자 쿵짝 네 박자 속에~ 같은 노래는 어릴 때 한 번 따라 했다가 여태까지 박자를 맞추고 있다. 이처럼 트로트에는 시대와 세대를 지워버리는 놀라운 마력이 있다.

 어르신들만 듣는 음악으로 점점 입지가 줄어가던 트로트는 코로나19 팬데믹을 전환점으로 다시 크게 유행했다. 요즘에는 예전에는 보기 드물었던 젊고 어린 가수들도 저마다의 개성으로 옛 노래를 불러내니, 하나의 노래를 여러 나이대의 목소리로 들어보는 맛이 있다. 하지만 트로트는 어쩔 수 없이 연식이 좀 있어야 그 맛에 깔이 난다. 미안하지만, 아무리 뽕뽕 짝짝 끼를 부려본다 한들 아가들에게 담백하면서도 구수하면서도 깊은 울림을 기대하기는 어렵다. 고장난 벽시계는 멈추었는데 저 세월은 고장도 없네~ 사랑하는 우리 님과 한 백 년 살고 싶어~ 같은 노랫말을 세월의 먼지 하나 묻지 않은 소리로, 시간의 때 한 번 밀지 않은 목으로 듣는 것은 으른들 말씀대로 영- 파이다. 그저 노래하는 모습이 흐뭇하고 기특할 뿐이다. 묵직한 맛은 오래 묵히는 것 외에는 다른 방법이 없다. 그 오래들 묵은 나이와 대화의 장에 아직은 끼고 싶지 않은 마음이 내가 트로트를 찾아 듣지 않는 이유다.

다른 하나는 클래시컬 뮤직classical music, 클래식이다. 오래된 광고 표현을 빌리면 나는 좀처럼 클래식에 손이 가지 않는다. 클래식은 전통을 이어오는 서양 음악으로 기승전결의 서사와 스토리가 잘 짜여있다. 시대별로 장르별로 기악과 성악 등 다양한 스타일의 음악을 즐길 수 있다. 우리나라에도 훌륭한 음악가들이 많고 음반을 사던 시절에는 앨범을 구매해 듣기도 했다. 클래식은 사운드가 좋고 듣기 편하다. 예술적으로도 기술적으로도 흠 잡을 데 없는 음악이다. 독일제, 미제 스피커를 갖춘 감상실을 찾아 음반을 들어보면 귀가 트이는 경험을 할 수 있을 것이다.

그런데 손이 가지 않는 이유는 왜일까. 끌리지 않는 이유가 뭘까. 고진, 순수, 장임, 정교, 질정, 완결, …. 클래식

하면 떠오르는 단어들이다. 100% 완벽을 지향하는 순도 99.99% 음악이 나는 영- 부담스럽다. 포나인에 끌리지 않고, 최고를 향해 최선을 다하지 않는 나라는 사람과 클래식은 애초에 궁합이 잘 맞지 않는다는 생각이다. 소수점 둘째 자리의 차이지만 속이 꽉 찬 남자가 외치는 99.9 쪽이 그래도 덜 부담스럽다. 클래식 공연장에 가면 미동도 못하고 가만히 듣기만 해야 한다. 그렇게 숨죽이고 있으면 숨이 조여온다. 회사원들이 입은 정장 셔츠만 봐도 목 주변이 까끌까끌한 나는 단추를 다 채우고 보타이를 맨 사람들을 보고 있는 것만으로 숨이 턱턱 막힌다. 요즘에는 공연 실황이나 연주 동영상을 쉽게 찾아볼 수 있어서 집에서 편한 차림으로 움직이며 듣기도 하지만, 여전히 공연장으로는 좀처럼 발이 가지 않는 이유다.

유이하게 찾지 않는 두 장르를 한 번에 들을 수 있는 곳이 고속도로 휴게소다. 베토벤에 취하다가 지르박을 추게 되는 아주 유니크한 곳이다. 다만 클래식은 화장실에서만 나오고, 트로트는 화장실에서만 안 나온다. 오랜만에 휴게소에 왔는데 스피커가 고장이 났는지 화장실에선 아무 음악도 나오지 않고, 그러고 보니 뽕짝 뽕짝 틀어대던 음반 장사도 보이지 않은 지 오래다. 나를 찾아 들려오지 않는 풍경, 아쉬운 쉼을 뒤로하고 휴게소를 떠난다.

키, 작은 사람

 지금이야 다 자란 키에 불만 없이 살고 있지만, 키가 좀 컸으면 했던 때로 돌아가 본다.

 고등학생인 나는 농구를 하고 있다. 수업을 마치고 운동장에서 펼쳐진 3:3 시합이다. 애들 농구여도 포지션을 정해 움직인다. 나는 가드, 주로 외곽에 있다. 드리블 돌파에 이어 레이업을 하거나 패스를 돌린다. 키가 큰 친구들은 골밑 플레이만 했다. 나도 키가 더 컸으면 리바운드를 하고 블로킹을 했을 것이다. 상대를 내려 찍는 짜릿함, 높이의 농구를 맛봤을 것이다. 웬만한 키로 안 되는 일이지만 덩크슛도 해 보려고 했을 것이다. 모두에게 불가능한 꿈에도 허용의 단계가 있는 것이다.
 중학생인 나는 청소를 하고 있다. 빗자루질을 하고 대걸레질을 한다. 키가 큰 친구는 게시판에 그림을 붙이는 일을 맡았다. 내기 보기에 개는 분명 느리게 움직였다. 아마 일찍 끝내면 다른 일을 더 할 것 같으니 그랬을 것이다. 그리고 청소가 끝날 즈음에 맞춰 의자에서 내려왔다. 다음번에 나도 그 일을 해 보려 했지만 제일 높은 곳까지는 손이 닿지 않았다. 몸이 가능하지 않은 일을 마음만으로 할 수 없는 것이다.

초등학생인 나는 우유를 마시고 있다. 당시에는 학교 교실마다 우유가 배급되었다. 딸기나 초코를 좋아했던 우리는 흰 우유를 마시고 싶어 하지 않았다. 선생님은 흰 우유를 마셔야 키가 쑥쑥 크니 남기지 말고 마시라고 하셨다. 그 말을 듣고 키가 큰 친구가 키득거렸다. 내가 잘못 보거나 다른 일로 웃은 걸 오해했을 수도 있다. 하지만 나도 맨 뒷자리에 앉아 있었다면 그처럼 웃었을 것이다. 왜 웃는지 몰라도 그냥 그를 따라 웃었을 것이다.

길을 가다가 키가 겨우 1미터가 넘을까 말까 하는 사람을 봤다. 그의 뒤에서 걷고 있었는데 처음에는 멀리서 얼핏 보고 애인 줄 알았다. 그런데 걸음이 느리고 모자 사이로 흰머리가 보여 곧 할머니라는 걸 알았다. 할머니가 멘 가방에는 ○○유치원이라고 쓰여 있었다. 아마 손주의 가방을 받아서 집으로 돌아가시는 길이겠지.

문득 아주 오래전 일이 떠올랐다. 나이 지긋한 아주머

니가 아기를 안은 키 작은 엄마를 보고 "아이고, 아기가 아기를 낳았네."라고 농담하는 걸 들은 적이 있다. 그 아기 엄마처럼 이 할머니도 그런 말을 수없이 들으셨겠지. 난쟁이라고, 키가 그리 작아 시집이나 가겠냐고 놀림을 받으셨겠지, 그 옛날이라면 가능했을 짓궂은 말들이 떠올랐다.

할머니와 한 걸음 차이로 가까워졌다. 유치원생인 나는 할머니 손을 잡고 걷고 있다. 할머니는 어른인데도 나보다 작지만, 엄마보다도 아빠보다도 더 큰 사람이다.

울대리

내가 내 입으로 알리는 게 민망하여 말하며 다니지는 않지만, 나는 날씨 요정이다.

나는 보기 어렵다는 오로라를 다섯 밤 중에 세 번이나 봤다. 다녀와 보니, 오로라를 잘 보려면 지수Kp index보다 구름이 없는 게 중요했다. 그곳의 겨울에는 눈이 자주 또 많이 내려서 구름이 온 하늘을 덮어버리기 때문이다. 개기일식의 현장에 있었던 날에는 구름 한 점이 없었다. 동영상으로 다른 개기일식도 찾아봤는데 날이 흐리니 내가 있었던 날만큼 변화가 극적이지 않았다. 삼대가 덕을 쌓아야 볼 수 있다는 곳도 하늘이 티 없이 깨끗해서 보고 온 사람이 자랑하려고 지어낸 말이라고 생각했다. 어느 여행에서는 하루에 해돋이와 해넘이를 다 보고 싶었는데, 딱 해가 출몰하는 시간만 빼고 종일 구름이 끼고 비가 내렸다. 그날은 요정인 내가 봐도 신기한 것이었다. 여행 중 비 예보가 있으면 차로 이동하는 중에만 비가 내렸고, 산책 일정에서는 비가 찔끔 떨어지고 말아서 우산을 쓰지 않고 걸었다. 근 십여 년의 여행 중, 날씨 때문에 볼 것을 못 보게 되거나 중요한 외부 일정이 취소된 적은 단 한 번도 없었다.

울대리에 갈 때도 날씨가 맑다. 거기에는 늘 친구 하나와 같이 간다. 친구는 멀리 살아서 2~3주 전에 약속을 잡는다. 일기예보를 알기 전에 날짜를 정하는 것이다. 울대리에는 일 년에 두세 번 정도 간다. 그렇게 한 지도 벌써 여러 해가 됐으니 이삼십 번은 넘게 갔을 거다. 거짓말을 할 이유도 없지만 거짓말 안 하고 그 모든 날에 하늘이 파랗다. 떨어진 봄 꽃잎들이 방울처럼 도로를 굴러다니던 날에도, 와장창 깨며 쏟아지는 방울을 와이퍼로 쓰다듬던 날에도, 한 송이 맺은 땀을 땡볕에 불려서 방울로 떨구던 날에도, 칼바람에 실린 방울 만한 눈이 시리게 살을 에던 날에도, 울대리에 있는 동안만은 하늘이 파랗다.

그래도, 울대리에는 안 갔으면 좋았다. 이름만 들어도 금방 울 것 같은 그런 곳은 몰랐으면 좋았다.

이름

텃밭에서 캐 온 감자를 베란다에 너는데 뭐가 움직여, 아고 깜짝아! 달팽이다. 놀란 숨을 고르고 유리병 하나를 골라 집을 만들어주었다. 달팽아 부르기가 좀 그러니 이름을 짓자. 감자를 따라왔으니 '감자'가 좋겠다. 며칠 풀도 뜯어주고 물도 뿌려주다가 계속 키울 수는 없었기에 비 오는 날 풀밭으로 돌려 보냈다. 같은 일이 한 번 더 있었는데 그 달팽이 이름은 '상추'였다. 벌써 오래전 일인데 그 이름 둘이 아직도 잊히지 않는다.

어쩌다 길을 떠돌아다니던 개를 돌보게 되었다. 혼자 한 건 아니고, 나처럼 그 개를 알고 있었던 사람들과 같이 한 일이었다. 우리는 회의를 거쳐 이름을 지었고, 동물 등록을 했다. 한동안 함께 보살피다가 멤버 중 하나가 개를 입양했고 얼마 후 이사를 해서 그 일은 잊지 못할 소중한 경험으로 남았다. 공식 이름이 있지만 나는 지금도 내가 지어준 이름인 '하둥이'로 그 개를 추억한다. 처음 봤을 때

하도 하얘서 생각한 이름이다.

나는 꽃 이름을 잘 까먹는다. 보고 또 보고 검색해 보고 누가 알려 주어도 잘 기억을 못 한다. 어쩌면 그건 내가 개망초, 능소화, 산수유, 백일홍, 금계국 같은 이름을 짓지 않았기 때문일지 모른다. 만약 내가 그 이름들을 지었다면 절대로 잊어버리지 못할 것이다.

어느 겨울에 탐조 활동을 하며 뒷산의 새들을 새로이 보게 되었다. 쌍안경으로 크게 보고 카메라로 당겨서 사진도 찍었다. 딱 한 번 봤지만 동고비, 곤줄박이, 노랑지빠귀, 오색딱따구리, 흰머리오목눈이 같이 어려운 이름들을 단번에 외웠다. 그건 내가 지금껏 새 폴더를 많이 만들었던 것과는 아무 상관없는 일이다. 그래서 다가올 봄부터는 꽃을 가까이 들여다보고 사진도 찍으려고 한다. 그러면 자꾸 까먹기만 했던 꽃 이름들을 술술술 말할 수 있게 될 것이다. 꽃 사진들은 꼭 꽃 폴더에 꽂을 것이다.

나는 작은 시골집에서 사는 것을 꿈꾼다. 마당에 감나무 한 그루를 그린다. 여름이 무르고 가을이 열리면, 나는 장대를 들어 잘 익은 것들을 따 먹을 것이다. 덜 익은 몇 개는 그대로 두고, 하나하나 이름을 지어주고 따지 않을 것이다. 새가 날아와 쪼는 대로, 눈을 버티지 못해 떨어지는 대로 둘 것이다. 그런 계절에는 귤을 까먹으며 김의 이름으로 글을 한 편 쓰면 좋겠다. 그렇담 무슨 이름이 좋을까 … 생각만으로 설레는 걸 보니 아주 좋은 글감이 되겠다.

이름을 짓는 의미는 쓰는 데 있다. 그러니 다른 사람의 이름을 쓸 때 틀리지 말아야 한다. 어릴 때, 친구들에게 크리스마스카드를 받았는데 내 이름이 잘못 쓰인 게 몇 개 있었다. 어떻게 일 년을 같이 공부한 친구 이름을 모를 수 있을까 방학 내내 섭섭했다. 봄방학까지 섭섭했다. 내가 어디 가서 사람들 이름을 빼먹지 않고 잘 기억하는 편인데 이런 일이 있었기 때문이 아닐까 한다.

우리에게는 부르는 이름을 지켜야 할 의무가 있다. 거리를 걷다가 합동분향소를 지나친다. 슬쩍 보니, 어린 얼굴들이다. 내가 그 핏덩이의 이름을 지은 사람이라면 삼일 동안 낮밤을 잊고 새끼 잃은 짐승처럼 아르렁거리겠다. 눈물에 콧물에 목이 먹혀서 알아들을 수 없는, -아 -야 자음 없이 모음만 남겨진 이름을 부르고 또 부르겠다. 부르고 부르다가 퉁퉁 불어 목구멍 깊숙한 곳에 콱 박혀 뱉는 것도 삼키는 것도 안 되는 그 일음을 입에 문 채 엉엉엉엉 백일천일만억년을 살겠다.

아주 큰 사고가 났던 날, 전화를 받고서 울상이 되어가는 사람을 봤다. 그는 벌게진 얼굴로 서둘러 자리를 떴다. 아마 그 사고로 아는 이름을 잃었으리라. 불러도 불러도 대답 없는 이름을 얻었으리라. 내게도 그런 이름이 있다. 나는 그 이름을 서리서리 잘 개키어 어디에 두었는지 잊어버릴 수 있게 이불장 깊숙한 곳에 쿡 박아두었다. 언젠가 그 자리를 나에게 들키는 날에, 떨구는 방울을 꾹 움키며 다문 입술 새로 몰래 그 이름을 굴려 구뷔구뷔 펴리라.

장례식장의 모니터에서 큰어머니로만 불렀던 친척 어른의 이름을 알게 되었다. 그 이름을 꼬옥 부둥키고 기뻐 웃었다.

엄마 맘

  집에 가면, 엄마는 주섬주섬 또 보따리를 싸고 계신다. 반찬 했으니 가져가라, 쌀은 있느냐, 김치를 맛있게 담갔는데 줄까, 엄마는 묻는다. 나는 엄마에게 냉장고에 넣을 자리가 없다고 한다. 그 말은 사실일 때고 있고, 거짓일 때도 있다. 엄마에게도 늘 말하지만, 반찬을 가져가지 않으려는 이유는 많아서다. 끼니마다 있는 반찬부터 먹어야 한다는 부담을 갖고 싶지 않아서다. 집에 오면 네 모가 나지 않은 육면체를 네모난 냉장고에 채우는 게임이 시작된다. 폭에 딱 맞추지 못하면 순식간에 쌓여버리는 테트리스 블록처럼 줄이 잘 맞지 않으면 스트레스가 쌓인다.

  엄마는 내가 어릴 때부터 많이 안 먹었다고 한다. 자식이 그렇게 수십 년을 살았으면 아, 얘는 많이 안 먹는 애구나 해야 한다. 하지만 엄마는 안 먹는 게 못 먹인 줄로 알고 기어이 먹이려고 한다. 사실 우리 엄마만 이러는 건 아니다. 자식이 이제 갓 스물을 넘긴 경우에야 그럴 수 있겠지만 자식들이 서른, 마흔이 넘어도 엄마들은 자식들이 먹는 것을 챙기고 걱정한다. 심지어 쉰이 다 되어 가는데도 매일 엄마가 해 주는 밥을 먹는다는 사람도 봤다.

이런 엄마들은 전 세계에서도 대한민국밖에 없을 것이다. 이건 한식이 여러 찬을 갖추어 먹기 때문에, 밑반찬을 해서 며칠을 두고 먹을 수 있기 때문에 가능한 일이다. 먹을 게 궁했다던 우리 조상들은 뭘 이렇게 저렇게 이것저것 만들어 먹은 건지 도저히 이해하고 싶지 않다. 그것도 자식들에게 맛있게 먹이기 위해 이리저리 궁리했던 엄마의 마음이었을까. 찬을 만들면 자식이 생각난다. 찬을 먹으면 자식이 생각난다. 엄마에 대한 영화를 만든 어느 영화감독의 인터뷰가 생각난다. 한국 엄마들의 자식을 향한 유별난 행동에 관해 이야기했더니 외국 감독들도 저마다 자기 나라 엄마들이 제일 극성이라고 하더란다. 만약 그들 나라도 우리와 식문화가 비슷했다면, 그곳의 엄마들도 올해 담근 피클이며 절인 양배추를 물 안 새게 냄새 안 나게 싸서 택배로 비행기로 보냈을 것이다. 그랬다면 항공법은 지금과 많이 달랐을 것이다.

모든 동물을 통틀어 이렇게 하는 어미는 인간 엄마밖에 없다. 다른 어느 종도 다 자란 자식에게 먹이를 물어다 주시 않는다. 밥을 질 믹고 다니든 그리지 못하든 그긴 지식의 일이고 사정이고 상황이다. 성체는 스스로 생존해야 하고 먹는 일은 오롯이 자기 몫이며, 사회에서는 자기 입 하나를 책임지고 챙길 수 있어야 어른이 된다. 그걸 못하니 자식들이 나이를 먹어도 계속 아이에 머물러 있고, 애처럼 구는 것이다. 학교며 회사며 일찍 또 바삐 다니느라 밥을 못 챙겨 먹는 것 같다면, 집에 왔을 때 밥 한 끼 잘 차려 주면 되는 일이다. 나는 어째서 이런 자연의 진리보다, 사회의 요구보다, 우리 집 냉장고가 꽉 찼다는 사실 또는 거짓보다, 언제나 엄마의 마음이 우선이어야 하는지 여전히 잘 모르겠고 동의할 수 없다.

'신경을 쓰다/신경이 쓰이다'라는 말은 분명히 엄마들이 만들었을 것이다. 내 새끼를 묶은 탯줄에 쓴 신경이다. 내 새끼와 맺은 젖줄에 쓰인 신경이다. 인간 아비들은 결코 느낄 수 없고 알 수도 없는, 엄마만 감각하는 핏줄이다. 신경은 밥줄이다. 그 줄로 밥이 들어간다. 새끼를 먹이고 키우고 기른다. 그러나 탯줄을 끊어야 새끼가 살고, 젖줄을 떼어야 새끼가 자란다. 그걸 누구보다 잘 아는 게 엄마다. 제일 잘 아는 사람이 제일 못하는 것이 있다. 새끼들이 다 커도 엄마의 온 신경은 자식들을 먹이는 데에, 자식들이 먹는 것에 곤두서 있다. 한참 전에 거두었던 금줄이 엄마의 마음에는 아직도 걸려 있다. 그 새끼줄에 달린 숯덩이를 핏덩이처럼 쓸고 어르며, 엄마는 수염 나는 내 새끼가 아직도 갓난애 같단다.

대보름이라고 이것저것 싸 주신 온갖 나물에 밥을 비벼 먹는다. 신경으로 버무려 맛난 것에 맛있게 한 그릇 뚝딱이다. 찬을 먹으면 엄마가 생각난다. 찬을 비우면 엄마가 생각난다. 빈 통을 갖고 집에 가면, 반찬 있으니 가져가라, 쌀은 있느냐, 김치가 맛있게 익었는데 줄까, 엄마는 또 묻는다. 엄마는 우리집 냉장고가 꽉 찼다는 내 말이 사실인지 거짓인지 확인하지 않는다. 엄마는 팩트 체크에 관심이 없고, 나의 보디 체크도 소용이 없다. 집에 오면 또 한 보따리, 네 모가 반듯하지 않은 블록으로 하는 테트리스가 시작된다. 한 줄을 맞춰 비우면 또 다른 모양의 다음 블록이 줄줄줄 대기 중이다. 엄마의 신경줄은 우리 집 콘센트에 꽂혀 있다. 우리 집 냉장고는 그 전기 신호로 돌아간다.

요즘엔 제발 엄마표 반찬 소리 좀 그만하라는 사람도 있다. 하지만 이건 아웅다웅 줄다리기를 하며 사는 지극히 개인적인 우리집, 또 이웃집 이야기다.

아버지 가방

내 새끼 얼굴이 어떤가 자식들 코앞에 얼굴을 들이미는 클로즈업의 엄마들과는 달리, 아버지들은 보통 롱샷의 뒷모습으로 기억된다.

아버지 하면 가방이 떠오른다. '아버지 가방에 들어가신다' 때문이다. 띄어쓰기의 중요성을 강조하려고 만든 이 문장이 나는 잘못됐다고 생각하지 않는다. 한국어의 주격조사는 생략되기 일쑤고, 출근하는 아빠의 뒷모습은 그가 들고 있는 가방으로 들어가는 것처럼 보였기 때문이다. 그 가방 안에는 기획서, 제안서, 품의서, 결의서, 증명서, 영수증, 일정과 연락처가 적힌 수첩, 종이 등 각종 문서가 들어 있었다. 엄마의 작은 가방에는 들어있지도 않고, 어느 것은 들어가지도 못하는 것들이다. 아빠의 가방 안은 어린 내가 본 적도, 상상할 수도 없는 어른의 세계였다. 그리고 그 가방 안 한쪽 구석진 곳에는 보이지 않게 푹 찔러 놓은 사직서도 있었을 것이다. '어깨가 무겁다'라는 말은 한 가장이

한 가정을 책임져야 했던 시절, 가방을 메고 출근하는 남자 어른의 뒷모습을 보고 만들었을 것이다.

그리움은 부모 모두에게 붙일 수 있지만, 추억은 유독 아버지에게만 그 여부를 따지게 된다. 아버지와의 추억을 '있다/없다'로 말하는 것은 함께한 시간 자체가 별로 없기 때문이다. 요즘이야 남자들도 육아휴직을 쓰고 연차나 휴가를 이용해 가족여행도 다니지만, 우리 아버지들은 그런 일을 꿈도 꾸지 못했다. 그들은 한창 사원으로, 대리며 팀장으로 일을 하던 때에 회사에 모든 시간을 바쳐야 했다. 그때는 토요일에도 일했다. 일주일에 육일을 출근을 하고 야근을 하고, 일요일에 아버지들은 쓰러져 잤다. 그런 사람들에게 차마 육아를 해라, 놀아달라고 할 수는 없었.

그러나, 그랬다고 하여 아버지들을 완전히 이해해 줄 수는 없다. 우리 아버지들은 경제 성장과 민주화, 문화 발전의 황금기까지 두루 누린 세대다. 그들은 많은 인구수와 잘난 시절을 등에 업고 자식들이 하는 일과 행복에 대해 온갖 훈수를 두며 훈계했다. 우리 할아버지들은 "늙은이들이 뭘 알겠냐"라며 자식들 보고 알아서 하라고 하셨지만, 우리 아버지들은 "니들이 뭘 아냐"라며 자식들을 쏘아붙인 최초의 세대다. 어느 교수가 자녀 교육에 대해, 자신이 자녀에게 주고 싶은 건 행복이 아니라 독립이리고 했는데 완전히 동의한다. 어느 동물의 부모도 자식의 행복을 자신이 판단하고 확인하지 않는다. 인간이 만물의 영장이라고 하지만, 이는 분명히 금수라고 낮춰 부르는 것들보다 월등히 못난 것이다. 이런 점에서 개개인의 훌륭한 아버지가 있을 수는 있어도 우리 아버지들이 시대의 어른으로서 훌륭했다고 볼 수는 없다. 나는 이런 아버지들을 닮고 싶지 않았고, 아버지처럼 살지 않기로 했다.

저 먼 옛날 저 먼 나라에서 살았던 오이디푸스라는 분을 모셔와 이야기를 듣지 않아도, 아버지와 아들이 한집에서 잘 지낼 수 없다는 건 우리 동네 사는 삼척동자도 안다. 부자가 살갑게 지내는 일은, 거의 불가능하다. 가족이라는 가장 작은 공동체 안에서도 우두머리 수컷은 하나여야 한다. 머리가 커진 아들과 배가 나온 아버지는 서로를 향해 으르렁거릴 수밖에 없다. 차라리 한쪽의 힘이 압도할 때 가정이 평화롭다. 이렇게 말하면 우리 집에서 부자간 갈등이 대단했었나 하겠지만 그렇지는 않다. 물론 때로 불꽃이 튄 적도 있지만, 두 대장장이가 번갈아 때려 쇠붙이를 단단하게 하는 망치질처럼 부딪힘은 부자 사이의 피붙이를 끈끈하게 다졌다. 주변을 보면 오히려 한쪽도 달아오른 적 없이 둘 다 담금질만으로 식어 있는 경우가 더 아슬아슬하다. 프렌디friend + daddy, 나는 친구 같은 아버지도 없다고 생각한다. 위계를 없애면 순서가 서열이다. 대부분, 아버지는 먼저 세상을 떠남으로써 그의 아들에게 완전하고 검증 가능하며 되돌릴 수 없는 패배를 선사한다.

'대개 아버지의 마음은 자식이기 때문에, 믿기 때문에, 가급적 말씀을 하지 않으시는 것이지 무관심해서가 아니다. 아버지와 대화하는 시간을 가져 보라. 함께 목욕탕을 가는 것과 낚시나 등산을 한번 하고, 가급적 아버지의 직장에서 하루를 함께 보내는 기회를 갖기를 권한다.' 옛 물건을 정리하다가 담임선생님이 써 주셨던 편지를 읽었다. 아빠와 갔었던 목욕탕이 생각났다. 바나나우유를 마셨고, 돌아오는 길에 장난감을 사 주셨던 게 생각났다. 낚시는 하지 않았지만, 등산은 여러 번 갔다. 아빠의 회사에 갔었고, 아빠도 내가 다니던 회사에 오셨었다. 아빠는 아들의 가방 안에서 무엇을 보았을까. 내가 아빠로 태어났으면 아빠처럼 살았을 것이다. 아빠도 이삼십 년 늦게 태어났으면 직업이며 꿈이며 조금 더 선택지가 많았던 나의 시대를 살았을 것이다. 아버지와 아들이 엄청 다른 것 같지만 시대가 둘을 다르게 만들 뿐, 그 둘은 다를 게 없다.

거실에서 티브이를 보던 '아버지가 방에 들어가신다'. 하루를 마무리하는 아버지의 일상이 담긴 이 문장은 띄어쓰기가 참 잘 됐다.

장미

 혹여 누가 나에게 좋아하는 책이나 작가가 있냐고 물어볼 일이 있을까 하여 미리 대답을 써 놓는다. 그래도 제일 많이 읽었고, 이따금 꺼내어 읽기도 하고, 선물하기도 했던 책을 꼽아보니 피천득의 〈인연〉이다. 선생의 대표작으로 교과서에 실렸던 '인연'이 가장 유명하고, 저마다 좋아하는 글이 있을 것이다. 나는 '장미'를 가장 좋아한다.

 선생은 잠이 깨면 바라다보려고 장미 일곱 송이를 산다. 돌아오는 길에 Y를 만난다. 부인이 앓고 있는데 약 지어줄 돈이 없다는 말을 듣고 그에게 두 송이를 준다. 문득 C의 화병에 시든 꽃이 그냥 꽂혀 있던 것이 생각나 그의 집에 들러 화병에 두 송이를 꽂아놓고 나온다. K를 만난다. 애인을 만나러 가는 모양인 그가 꽃을 탐내는 듯 보여 남은 세 송이를 다 주고 만다. 선생은 집에 와서 꽃병을 보고 미안해한다. 주고 싶어서 주었지만, 자신은 장미 한 송이도 가져서는 안 되는 것 같다며 서운해한다.

나도 가끔 꽃을 산다. 기념일이나 특별한 행사가 있을 때 하는 일이다. 부모님께 드렸고, 동료에게 친척에게 친구에게 아내에게 주었다. 하지만 나를 위해 꽃을 산 적은 없다. 더구나 선생처럼 잠이 깨면 바라다보려고 꽃을 사는 일은 생각조차 해 본 적이 없다.

선생이 장미를 사서 돌아오는 길에 세 사람을 만나지 않았다면, 선생은 머리맡 화병에 일곱 송이를 두었을 것이다. 잠이 깨면 장미를 보고 행복했을 것이다. 그러나 그 우연한 만남과 인연이 없었다면 장미가 Y에게 위로가 되고, C에게 기쁨이 되고, K에게 반가움이 되는 일은 없었을 것이다. 선생이 장미를 다 가졌다면 이 이야기는 달라졌을 것이고, 이 글을 쓰지 않으셨을지도 모른다. 그랬다면 선생의 장미가 내게로 와서 감동이 되는 일도 없었겠다. 그렇게 생각하니, 글을 쓰는 건 꽃을 선물하는 일과 같다.

선생은 엘리자베스 여왕의 생일 축하 가든파티에 초청되어 갔지만 한쪽에 쭈뼛쭈뼛 서 있다가 주차된 차들 사이로 걸어 나온다. 나는 그런 그의 가난을 사랑한다. 선생은 점 하나를 바꾸어 맛과 멋을 내고, 유머와 위트를 나누어 낼 줄 안다. 나는 그런 그의 감각과 안목을 사랑한다. 선생은 일본 순경의 감시가 무서워 도산의 장례에 참례치 못하였다며 에수를 모른다고 한 베드로보다도 부끄러운 일을 했다고 고백한다. 나는 그런 그의 용기를 사랑한다. 그러나 무엇보다도 자기를 위해 꽃을 사는 마음, 자기를 향하는 그의 사랑을 나는 가장 사랑한다.

시골에서 빗방울이 싱그럽게 달린 장미 한 송이를 따왔다. 혹시 꿈에서 선생을 만난다면, 선생에게 이 장미를 선물하고 싶었다. 하지만 장미가 다 말라가는 동안 선생이 한 번도 꿈에 나오지 않아서 서운하다. 두고두고 두다가 오래되어 버리려고 하니 꽃에 미안하다.

선물로 장미 여덟 송이를 받았다. 시들지 않는 새하얀 장미다. 잠이 깨면 바라다보려고 눈을 뜨면 꽃 피는 곳에 걸어두었다.

얼죽아

 펄펄 눈이 오다가 그친 날, 친구 둘과 카페에 갔다. 자리를 찾아 앉으려는데 하나가 가위바위보를 하잔다. 잠시 눈치가 오가다, 가위바위보! 내가 졌다. 둘은 "나는 아아", "나도 아아"라며 기뻐 춤을 춘다. 순간 둘이 짠 게 아닐까, 살짝 의심했지만 '오랜만에 친구들에게 커피를 살 수 있는 기회잖아'라고 생각을 바꾸니 나도 기쁘다. 나는 따아다.

 어느 커피전문점의 음료 판매량을 다룬 기사를 보니 한국 사람들은 겨울에도 10명 중 7명꼴로 차가운 음료를 시킨다고 한다. 찾아보니 그 전 조사에서는 6명이다. 우리도 셋 중에 둘이니, 아이스가 66.6%다. 개인적 경험과 사회 현상의 통계는 제법 잘 들어맞는다.

 한국에서 살고 있는 외국인들이 출연한 유튜브 동영상을 봤다. 이상하다고 생각하거나 이해되지 않는 한국 문화가 있냐는 질문에 많은 이들이 '얼죽아'를 꼽았다. 이 현상은 발음 그대로 'Eoljuka'로 표기하여 외신에도 소개됐다. 그들은 커피는 원래 따뜻하게 마시는 음료라며 그 기원을 풀이해 주기도 했고, 얼음을 넣는 걸 상상도 해 본 적이 없다며 얼굴을 찌푸려 보기도 했다. 그러고 보니 알고 지내던 외국인도 늘 따뜻한 커피를 마셨다. 그는 면을 차게 먹는 게 이상하다며 냉면도 먹지 않았다.

외국인의 시선에서 아아까지는 그래 이해해 보겠다고 해도, 한국 사람들이 엄동설한 동장군 앞에서 벌벌 떨면서 얼죽아 타령을 하는 모습이 괴이해 보일 것 같긴 하다. 여름에는 얼음이며 아이스며 찬 것을 찾지만 겨울에는 멀리 멀리하는 반半한국인인 나도 사실 굉장히 의아하다. 이에 대해 식후에 냉장고에 넣어둔 찬 보리차를 마시던 식습관이나 한국 특유의 빨리빨리 문화를 원인으로 분석하기도 하는데 명쾌하게 설명되지는 않는 것 같다.

궁금해하던 중에 이런 이유가 아닐까 하는 생각을 했다. 아침 일찍 일어나 출근하여 회사에 있는 사람들은 잠에서 깨기 위해 커피를 마신다. 그런데 겨울에 마시는 따뜻한 커피는 오히려 몸을 녹이며 잠을 부른다. 혹한의 추위 속에서 하는 알몸 마라톤이나 얼음물에 입수하는 사진만 봐도 정신이 번쩍 들듯, 잠을 달아나게 하는 효과 때문에 아아를 마시는 게 아닌가 싶다. 또 요즘에는 겨울에도 더

울 정도로 실내 난방을 해서 따뜻한 커피를 찾지 않는 사람이 많아진 것 같다.

생각을 하던 중에 이런 이유겠구나 싶은 경험을 했다. 펄펄 눈이 오다가 그친 다음 날, 눈꽃 구경을 하러 아침에 집을 나섰다. 골목을 걸으며 사진을 찍었다. 행여 눈이 녹을까 일찍 나서느라 밥도 잘 못 먹고 돌아다녔더니 금방 출출해서 근처에 문을 연 식당을 찾았다. 들어가면서 음식을 주문하고 앉았는데 하얀 입김이 다 빠지기도 전에 동치미가 나왔다. 몸도 춥고 빈속이라 살짝 걱정되었는데 배가 고팠던 터라 무를 한입 베어 물며 국물을 들이켰다. 입술 틈으로 살얼음 몇 조각이 같이 빨려 들어왔다. 그리고 곧, 몸에 생기가 도는 걸 느꼈다. 고양이가 걸어다니는 꽁꽁 얼어붙은 강 아래로는 졸졸졸 물이 흐르듯, 긴장되고 수축되어 있던 속으로 한 줄기 국물이 시원하게 지나가며 몸이 풀리고 기운이 솟았다. 남은 국물을 쭉 들이켜며 얼죽아파가 아닌 나도 어쩔 수 없는 코리안, 오리지널 찐眞한국인이라는 것을 깨달았다.

냉동시설이 없었던 시절을 떠올려 보면, 동치미는 얼음이 어는 겨울에만 먹을 수 있는 음식이었다. 우리 조상들은 계절이 요리하는 그대로 자연의 맛을 슬긴 것이다. 그러고 보니 한국인은 예전부터 여름에는 펄펄 끓는 핫 뜨거운 삼계탕을 먹었고, 겨울에는 차디찬 아이스 동치미며 냉면을 먹었다. 이열치열, 이냉치냉의 멋이다.

'얼어 죽어도 아이스'라지만 아직 아아를 마시다가 얼어 죽었다는 사람은 없다. 한국인의 배, 속은 이미 동치미로 단련된 터다. 누구의 말처럼 한겨울에 즐기는 아아는 '검은 동치미'요, 이색적인 K-컬처라 하겠다. 다만 아무리 튼튼하다고 해도 찬 것을 많이 마시면 탈이 날 수 있으니 적당히 잘 즐겨야 하겠다.

여행의 완성

    J와 K는 어린 시절 친구다. 같은 유치원과 초등학교에 다녔고, 집도 가까워서 거의 매일 같이 놀았다. 우리는 각각 다른 중학교로 갈라지면서 사이가 멀어졌다. 만날 시간을 맞추지 못했고, 휴대전화도 없었던 때라 연락을 하기도 어려웠다. 그리고 나처럼, 둘에게도 새 친구가 생겼을 것이다. 고등학교도 다 다른 학교로 진학하며 우리는 더 소원해졌다. 내 기억에 셋이 만난 적이 없었고, 부모님을 통해서나 가끔 소식을 전해 들을 뿐이었다.

    그러던 어느 날 우연히 J를 만났고, 나는 불쑥 제주도에 가자고 했다. 당시 K가 제주에서 지내고 있었는데 내 딴에는 이 멤버로 여행을 하면 좋을 것 같아 던져본 말이었다. J가 선뜻 그러자고 해서 우리 둘은 한겨울의 제주도로 떠났다. K는 모든 일정에 함께하지는 못했지만 방을 내주어 며칠 그의 집에서 지냈다. 내 기억에 성인이 되어 셋이 모인 자리는 그 여행이 처음이었다. 그때 우리가 무슨 이야기를 나누었는지 지금에야 하나도 기억나지 않는다. 우리는 각자 기억의 교집합을 만드느라 애썼을 것이고, 서로 다른 기억은 집합을 합하여 모두의 이야기로 추억했을 것이다. 우리는 같이 밥을 먹었고, 술을 마셨고, 한동안 다음날 다시 만나도 인사를 하지 않다가 헤어졌다.

그 여행 후로 우리가 더 자주 보게 되지는 않았다. 다만 메신저 대화방을 만들어 가끔 안부를 주고받고 있다. 서로의 결혼식에 초대했고, 참석해서 축하해 주었다. 이삼 년에 한두 번, 조금 잦을 때는 일 년에 한두 번씩 만났다. 그 자리에서 우리의 대화가 그 여행으로 돌아간 적은 없다. 먹고 사는 이야기, 세상 돌아가는 이야기는 시계방향으로만 빠르다. 그러나 나는 그 여행의 끈이 우리 사이의 시간을 더 멀어지지 않게 묶어 주고 있다고 느낀다.

다른 친구들과도 여행을 간 적이 있다. 밤새 기차를 타고 내리니 새벽, 여수에서 시작한 여정은 부산에서 끝이 났다. 우리는 바닷가의 싸구려 민박에서 잤고, 고기잡이배를 타고 바다를 건넜고, 비가 온 날에는 차를 빌려 섬을 돌았다. 모두 계획과 일정에 없던 일이었다. 면허를 딴 지 얼마 안 되었지만 유일하게 운전해 봤던 L이 운전대를 잡았고, 그렇게 죽을 준비를 했다. 숙소에서 축구를 보던 M과

N은 프리미어 리그가 낫네, 케이 리그가 낫네 싸웠다. 나는 눈으로는 공 싸움, 귀로는 말싸움을 안주로 소주를 홀짝였다. 해안선을 따라 이동했던 그 여행을 떠올리면 한여름의 바닷바람 뒤로 꼬릿꾸릿한 수컷 짠내가 섞여 올라온다. 그때 그 여행을 누가 가자고 했는지 모르겠지만, 한동안 술자리의 기본 안주였던 그 여행이 없었더라면 나는 청춘을 잃어가던 시기에 더 많이 아파야 했을 것이다.

외국으로 가족여행을 가 보자는 이야기가 나왔을 때 아빠는 망설였다. 회사에 휴가를 길게 내야 하는 부담이 크셨던 것이다. 그러나 한 명이라도 가지 않으면 가족여행의 의미가 없다는 이야기에 아빠는 더 크게 결심을 하고 함께 떠났다. 부모님은 이래저래 여행을 많이 다니셨지만, 늘 그 가족여행이 제일 좋았다고 하신다. 자식들 기분 좋게 하는 말이 아니라는 걸 안다. 진심은 내용이 아니라 말투에서 드러나는 법이다. 그리 좋으셨는지 자식들이 다 결혼을 하니 여행을 가자고 하셔서, 다녀왔다.

여행은 돌아오고 나서도 한참이 지난 후에야, 비로소 완성되는 것이다.

마부작침

명절에 처가에서 티브이를 보고 있었다.

채널을 돌리다 우연히 〈우리 집 금송아지〉를 보게 됐다. 마을 한 곳을 방문해 주민들의 소장품을 전문가에게 감정받고 사연을 들어보는 프로그램이었다. 의뢰인으로 리어카 노점으로 시작해 40여 년 동안 햄버거 가게를 하는 사장이 나왔다. 그가 꺼낸 물건은 뒤집개였다. 처음 장사를 시작할 때부터 써 왔다는 스테인리스 뒤집개는 원래 길이보다 1~1.5cm 정도 짧아져 있었다. 감정가를 쓴다. 사장은 500원, 감정사는 마부작침磨斧作針이다.

도끼를 갈아 바늘을 만든다, 아무리 어려운 일도 끊임없이 노력하면 반드시 이룰 수 있다. 사자성어의 뜻을 풀며 감정가를 쓸 수 없다는 감정사의 말에 사장은 울컥, 감동했다. 그저 먹고 살려고 한 일이었다. 영어도 못 하는 사람이 외국 군인들을 상대로 손짓발짓해 가며 해 온 일이었다. "이런 말씀 나올 줄 몰랐네요. 너무 고마운 말씀이에

요. 진짜 생각지도 못했던 말씀을 해 주셔서 감사합니다."
사장의 말에 뭉클, 나도 감동하였다.

이런 말은 좋은 말이다. 듣기에 좋은 말이 아니라 정말 좋은 말이다. 천 냥 빚도 갚는다는 말이지만 만 냥 억 냥을 주고도 구할 수 없는 말이다. 짧아진 뒤집개는 사장의 세월이다. 시간으로 잴 수 없고 나이로도 셀 수 없는 게 세월이다. 그 세월에 누가 값을 매길 수 있을까.

세월은 한 해歲, 세와 달月, 월이다. 한 해는 삼백육십오 번의 해요, 일 년은 열두 달이 아닌 삼백육십오 번의 달이다. 해를 한 번 갈고 달을 한 번 갉아 겨우 하루다. 갈고 갈아도 해는 새로 솟고, 갉고 갉아도 달은 다시 찬다. 그동안 사람만 해지고 닳는다. 삶만 삭는다. 낡고 늙는다. 인간의 몸으로는 저 해와 달의 시간을 이길 수 없다. 그래서 '세월 앞에 장사 없다'라고 하는 것이다. 그러니 대단한 업적을 이루지 못했어도 살아내는 삶은 그 자체로 값지다. 태어난 것만으로 귀한 게 사람이고, 시간과 나이에 이른 것만으로 고귀한 게 사람이다.

사장은 장사로 성공하겠다는 꿈이나 목표가 없었다. 그가 그런 사람이었다면 벌써 뒤집개를 여러 번 새것으로 바꾸었을 것이다. 사장은 마부작침은커녕 자기가 손에 든 게 바늘이 된 줄도 몰랐던 사람이다. 그는 그저 매일 맞이한 오늘에 성실을 꿰어 한 땀 또 한 땀, 기우는 하루를 기우고 새 하루를 이었을 뿐이다. 바늘이 되려고 했던 게 아니라 살다 보니 바늘이 된 것이다. "인생 돌이켜보니 감사하죠, 모든 게 고맙고 감사하고 다 이뻐." 사장의 웃는 얼굴에 흐뭇, 나도 웃는다. 문득 티브이를 보고 있는 얼굴들이 눈에 비친다. 이 가족이 이른 주름진 세월에 내가 들어와 있다. 바늘들 옆에 나 혼자 도끼로 있다. 갑자기, 짧은 추억들이 춤을 춘다. 모든 게 고맙고 감사하고 다 예쁘다.

요즘엔 자기 삶이 마부작침이 되기를 바라는 사람은 없을 것이다. 바늘을 사면 되지, 왜 도끼를 갈아 만들려고 하는지 이해 못 할 사람이 많을 것이다. 벼락출세, 대박 반전, 일약 스타를 꿈꾸는 이들은 자기 도끼를 일부러 빠뜨려서 금으로 은으로 다이아몬드로 바꿀 마음에만 바쁘다. 안타깝게도, 그렇게 하는 사람들이 더 성공하고 떵떵거리는 세상인 건 맞다. 그러나 그들의 영광과 사장의 광영은 다르다. 성공을 좇는다고 해서 모두가 그것을 가지지 못하듯 네 글자의 감동, 환한 얼굴, 떳떳한 표정도 아무에게나 주어지는 글로리는 아니다.

투수

 스포츠를 좋아하는 남자아이는 매일 뛰어놀았다. 공과 공터만 있으면 됐다. 축구를 제일 많이 했다. 축구공이 없으면 테니스공을 찼고, 신문지를 구겨 테이프로 둘둘 말아 찼다. 다른 스포츠도 많이 했다. 우편함을 골대 삼아 농구도 했고, 철봉을 네트 삼아 배구도 했다. 어찌 그리 상상을 발휘하여 놀았는지 돌아보면 그저 신기하다.

 야구도 좋아했지만 자주 하지는 못했다. 야구는 배트가 있어야 했고, 글러브도 있는 게 나았다. 사람도 더 필요했다. 열 살 무렵 생일 선물로 부모님이 배트와 글러브를 사주셨다. 나는 신이 나서 친구들을 모았다. 기껏 예닐곱 명이 편을 나눠서 하는 애들 놀이였지만, 둥둥 마음이 들뜰 대로 들뜬 나에게는 진짜 야구 시합이었다.

 당연히, 경기는 티브이에서 보는 것과 달랐다. 원인은 야구 특유의 철저히 분업화된 포지션에 있었다. 투수, 포수를 제외한 야수들은 공을 던지고 받는 것을 내내 보고

만 있어야 했다. 안타라도 나와야 공을 가지러 한 번씩 뛰기라도 할 텐데, 그런 일은 가물에 콩 나듯 했다. 글러브가 부족해 맨손으로 멀뚱멀뚱 서 있는 사람이 더 많았다. 사람이 필요했지만, 누구나 수비 자리에 서 있으면 자기가 필요없다는 느낌을 받았다. 그러니 가위바위보가 중요했다. 가위바위보! 내가 이겼다.

    나는 투수를 고른다. 글러브를 끼며, 있지도 않은 마운드에 오른다. 허리를 약간 앞으로 수그려 모자에 손을 갖다 대본다. 티브이에서 봤던 멋진 포즈, 포수도 내 장단에 맞추어 엉터리 사인을 보낸다. 고개를 두 번 젓고 오케이, 직구다. 와인드업, 한쪽 다리를 힘껏 올렸다가 내려놓으며 공을 뿌린다. 가장 짧은 경로로 가장 빠르게, 하지만 공은 엉뚱한 방향으로 빠진다. 포수 머리 위로, 타자 허리 뒤로, 땅바닥으로, 포수는 말이 좋아 배터리지 앉았다 일어났다 갔다 왔다 공 주으러 다니는 뽈보이다.

    갑자기 등 뒤가, 싸늘하다. 또 볼이다, 진짜 못하네, 이제 내가 던질게, 심심해 집에 갈래. 수비할 일 없는 야수들이 투수를 향해 공격을 개시한다. 포수와 타자도 제발 쫌 존으로 던지라며 가세한다. 사방에서 그런 말이 들려오면 정수리에서 맺은 땀방울 하나가 어느새 척추를 흐른다. 인중에선 송골송골 땀송이가 솟는다. 달려드는 친구들을 달래

느라 진땀을 뺀다. 오케이, 이번에도 제대로 못 던지면 투수 교체. 약속 도장 복사.

다시, 있지도 않은 마운드에 오른다. 손등으로 인중의 땀을 턴다. 멋쩍은 사인 같은 건 안중에 없다. 무조건 존 안에 던져야 한다. 와인드업 없이, 힘을 빼고 던진 세상에서 제일 느린 진양조장단의 아리랑 볼을 가만히 보고만 있을 타자는 없다. 깡- 안타. 와- 야수들이 공을 향해 달려간다. 그 와중에 다음 투수를 하기로 한 친구는 신이 나서 나를 향해 달려온다. 나는 순순히 글러브를 넘긴다.

스포츠를 좋아하지 않게 된 남자 어른은 공이 있어도 뛰어놀지 않고, 중계방송을 본 지도 오래다.

어느 날, 식당에서 밥을 먹는 동안 티브이로 프로야구 경기를 보게 되었다. 투수가 던진 속구, 끝에서 살짝 휘는 투심이 아슬아슬, 존 바깥이다. 볼넷, 사구다. 주자 만루, 점수는 2점 차, 카운트는 원아웃. 포수가 마운드로 걸어온다. 투수는 모자를 벗고 팔뚝으로 이마의 땀을 닦는다. 또 닦는다. 클로즈업으로 바뀌어 자세히 보니, 머리카락이 땀에 젖어 있다. 야구 선수들은 경기 내내 뛰지 않는다. 주루 플레이를 해도 땀이 날 정도로 뛰는 경우는 거의 없다. 그래서 일부에서는 야구를 땀 한 방울 흘리지 않는 스포츠

라며 흉보기도 한다. 하지만 그 투수는 분명히 땀을 잔뜩 흘리고 있었다.

경기장에 있는 선수며 팬이며 나 같은 시청자며, 사방에서 전국에서 한 사람을 지켜보고 있다. 모든 시선이 자기에게 모인 자리에 서서 땀을 흘리는 사람은 내가 알기로 투수와 가수밖에 없다. 가수는 신나게 놀다가 땀을 쏟는 것이지만, 땀에 전 마운드는 무대가 아닌 무덤이다. 즐거워서 즐기고 싶어서, 그 죽음의 판에 발을 올린 투수는 없다.

해설자는 투수가 이번 타자와 승부를 봐야 한다고 말한다. 포수의 리드를 믿고, 야수들을 믿고 던져야 한다고 한다. 제삼자나 할 수 있는 말이다. 야구는 투수놀음이라고 하지만 그것도 투수 나름이다. 이런 노름판에서 덜덜 떨며 땀을 훔치고 있는 투수의 승률은 아주 아주 낮다. 이런 판에서 노날 사람은 진작에 구슬땀을 잘 말리고 나온 타자일 확률이 높다. 나는 타자의 방망이로, 베팅한다. 어느새 쓰리 앤 투, 풀 카운트. 투수는 마지막이 될지 모를 공에 자기 손모가지를 건다.

사구라, 볼넷. 밀어내기 득점, 점수는 1점 차, 주자는 그대로 만루. 코치가 마운드로 걸어온다. 결국 교체. 투수는 땀에 퉁퉁 부은 얼굴로 더그아웃을 향해 걸어 나간다. 다음 투수가 걸어 나온다. 저 사람은 전생에 무슨 죄를 지었기에 동료들이 쓰러져 간 무덤 위에 오르는 걸까. 머리며 마음이며 가슴이며 보이지 않는 그의 옷 속은 이미 더 이상 식을 수도 없는 땀으로 범벅이 되어있을지 모른다.

밥을 다 먹고 식당을 나선다. 행여 어릴 때 내가 야구에 소질이 있어 선수를 했다 해도, 투수를 하지는 않았을 것이다. 모두가 보는 데서 혼자만 땀을 흘리는, 저런 일은 하는 게 아니다.

도시를 떠나자

어느 여행에서 나는 하루에 일출과 일몰을 모두 보았다. 그날 동에서 남으로 또 서로 해를 따라 방향을 바꾸어 보며, 뜨고 지는 해만 마주하고 살아도 이 생은 살아볼 만한 가치가 있다고 느꼈다.

그러나 나의 매일매일은 스위치를 켜고 끄는 전등으로 시작해서 끝난다. 나는 여기저기 서 있는 위치를 바꾸어 보지만 전등불은 항상 저기, 머리 위에 있다. 일어날 때도 앉을 때도 누울 때도 사무실에서도 집에서도 그 불은 내 발밑에 검은 인형 하나를 매단다. 작은 그것을 종일 데리고 다니는 게 나의 일과다. 때가 되면 지고 뜨는 해와 달리, 저 등은 내가 끄고 켠다. 거의 모든 날에 지구의 일과보다 나의 하루가 길다.

중천까지는 아니지만, 도시에서 해는 뜨고 나서도 한참 후에야 얼굴을 보인다. 우리 집에서 해는 높은 건물 뒤에서 솟는다. 다른 동네에 살 때도 크게 다르지 않았다. 한강의 해돋이, 해넘이를 볼 수 있다는 아파트 광고를 본다. 인간이 건물을 높이는 이유가 지구가 하는 일의 출몰을 보고 싶어서일까. 건물을 높이고 건물을 더 높이고, 해를 마주할 수 있는 곳이 이제 한강 변뿐이니 한강뷰는 비싸다. 하지만 이 도시가 높고 높은 건물로 빽빽하기 전에는 거의 모두가 공평하게 해를 보며 살았다. 해는 불공평해졌지만, 은혜로운 전등은 평등하다.

나는 이런 도시를 좋아하지 않는다. 살기 편하다는 도시가 별로 편하지 않다. 사실 나 같은 사람은 도시에서 살 이유가 없다. 출퇴근도 매일 하지 않고, 이동도 많이 하지 않는다. 가까이 있어 편하다는 각종 시설도 거의 이용하지 않는다. 좋은 일이겠지만, 병원도 잘 안 간다. 핫하다는 곳, 쿨하다는 것도 미지근한 나에게는 너무 뜨겁고 차갑다. 불쑥 들어선 골목에서 오래된 맛집을 알게 되고, 새로 생긴 카페에서 맛있는 커피를 즐기는 소소한 행복도 있지만 그것들은 도시의 소란에 비하면 너무나 사소하다.

도시에는 사람이 많다. 출퇴근길의 지옥철, 만원 버스, 도로에 그득한 차 안에는 언제나 사람이 가득하다. 가끔 정말로 이 많은 사람들이 어디로 가고 있는지 궁금할 때가 있다. 잠깐 집 앞 마트나 편의점만 다녀와도 수십 명의 사람을 마주친다. 어느 곳에서는 수백 명도 만날 것이다. 그들 틈에서 안심을 느끼기보다는 나 같은 사람 하나 빠진다고 아무 티도 안 날 거라는 생각만 든다.

도시에는 차가 많다. 모든 길과 공간은 차가 우선이다. 내가 운전할 때도 차를 피해 다니고 길을 비켜 서 주는 보행자들에게 미안하다. 그 뒷구멍에서 뿜어내는 그을음, 매캐한 것에 눈이 따갑고 입이 텁텁하다. 차도 옆 보도와 골목만 해도 공기 질이 확연히 다르다. 매연을 피해 골목으로 발길을 들이면, 담배 연기가 솔솔 피어오른다. 나의 등장을 알리는 봉화인가. 내가 가는 길에 한 사람, 조금 걸으면 또 한 사람 불을 붙이며 나타난다. 어쩌면 그들에게는 담배 하나 피우는 데도 손을 휙휙 저으며 지나가는 내가 재난으로 보일지 모른다.

나는 체질적으로 높은 곳과 안 맞는 것 같다. 고층에 있는 사무실에 방문한 적이 있었는데 그곳의 전망이 아무리 좋아도 나에게는 결국 종일 앉아서 일을 해야 하는 회사였다. 그런 건물에 있는 엘리베이터는 정말 별로다. 힘들여 이동해 도착했는데 왜 또 무엇을 타고 위로 올라가야 하는 걸까. 그 네모난 상자는 마치 전화부스나 옷장처럼 나를 과거나 미래, 다른 시공간으로 옮겨놓을 것 같지만 대형 창고의 지게차처럼 나를 실어 위층에다 올려놓을 뿐이다. 차라리 누가 나를 지게에 태워 올려주면 신나서 신나겠다.

그 상자에서 만나는 사람들과는 거의 인사를 하지 않는다. 그 안에선 침묵도 수다도 달갑지 않다. 담배도 향수도 치킨도 음쓰도 반갑지 않다.

높은 건물은 소리를 키운다. 아파트에서는 언제부터인가 청소용 송풍기 소리가 단지를 종일 울린다. 윙- 위잉- 집에 있으면 엄청 시끄럽다. 창문을 열 수가 없다. 만약 내가 그 소리가 시끄럽다고 민원을 넣는다면 어느 사이트나 게시판에 이 넓은 곳을 기계 없이 치우게 했다며 입주민의 갑질을 호소하는 글이 올라올지 모른다. 아이들은 뛰어놀아야 한다. 그런데 윗집 아이는 거실을 운동장처럼 뛰었다. 늦은 밤까지 쿵- 쿠웅- 찾아가 이야기를 했더니 아이 엄마가 사과했다. 그 후에 생 시멘트 직접음이 뭉툭해지고 반사음도 줄었다. 아마 바닥에 꽤 두꺼운 매트를 깔았을 것이다. 그래 아이는 더욱 신이 났는지 이제 종합운동장처럼 뛴다. 높이, 멀리, 세단으로 뛴다. 복층이었다면 장대 찍는 소리도 들렸을 것이다. 아이들은 뛰어놀아야 한다. 더 말하고 싶지 않아서 그러려니 지냈지만, 아이 엄마는 맘카페며 블로그에 아랫집 테스트를 기준치 이하 소음으로 통과한 매트를 추천하는 글을 써서 이미 그 바닥에서 꽤 유명한 파워블로거가 되었을지 모른다.

나는 이런 도시를 떠나는 것을 꿈꾼다. 나는 감자를 심으면 감자가 나오는 곳에서 살고 싶다. 내가 심고 캔 감자를 채칼로 썰어 감자전을 부쳐 먹고 싶다. 다음 날에는 강판에 갈아 감자전을 부쳐 먹고 싶다. 칼 쓰기가 싫은 날은 잔 감자만 골라 통감자를 해 먹고 싶다. 단순하면서도 다양성이 있는, 다채로운 삶이다. 시골 방앗간에 쌀을 가져다주면 떡을 뽑아준다. 만약 이 도시가 내가 어느 가게에 감자를 가져가 프렌치프라이, 매쉬드 포테이토, 웨지감자로 바꿀 수 있는 곳이라면 정을 들여 볼 것이다. 하지만 내가 정말로 그렇게 한다면 나는 정신 나간 놈이다. 도시는 모든 것이 있다고 떠들지만, 감자를 팔지 않는다. 감자만 팔지 않는다. 감자칩은 판다. 하루 종일 누워 티브이만 보더라도 카우치 포테이토가 될 바에는 온돌바닥에서 이불 푹 덮고 찐 감자를 먹는 쪽이 낫다. 몇 발걸음만으로 감자를 먹을 수 있는데, 엉뚱한 일을 하며 발자국을 늘이는 삶을 그만하고 싶은 것이다.

도시를 떠난다면 작은 집에서 살겠다. 나는 작은 사람이라서 기질적으로 큰 것과 안 맞는다. 어떤 기회로 넓은 저택에 가 본 적이 있다. 돌벽 집은 산자락을 품고 있었고 연못도 있었다. 멋들어진 수석과 흐드러진 수목이 인상적이었다. 허나 집 내외부를 둘러보며, 정원과 집안을 관리하는 데 얼마나 많은 신경을 쓸까 생각이 들었다. 그런 집은 이것저것 다 갖춰놓은 것 같지만 결국 사람이 집을 모시고 산다. 집을 짓고 사는 게 아니라 집을 이고 지고 산다. 집주인은 손님인 나에게는 인상 좋게 웃었지만, 일손을 부릴 때면 미간에 주름이 잔뜩 잡혔다. 내려간 입꼬리 뒤로 어금니를 꽉 물고 있는 듯 보였다. 도시에서 자주 볼 수 있는, 가끔 거울에서도 봤던 표정이었다.

내 집은 작은 텃밭이 있으면 된다. 문을 열면 햇볕이 쏟아지면 된다. 검은 인형이 길게 짧게 다시 길게, 알아서 노는 곳이면 된다. 그런 집은 어디에 있을까. 소로우가 통나무집을 지은 월든 호숫가 같은 곳이라면 정말 좋겠다. 구름이 하늘에 하얀 울타리를 친다면 르코르뷔지에의 4평 집이어도 숲을 마당 삼아 살 수 있을 것이다. 그런 곳은 고개만 들면 온 세상이 눈에 드니 전망을 위해 위로 올라가지 않아도 된다. 나무들로 울울하고 창창한 곳이라면 하루 종일 해가 얼굴을 보이지 않아도 좋다. 바다에서 산등성이에서 또 빽빽한 나무 틈으로 뜨는 해는 다 다르다. 일이 출몰하는 시각과 시야각은 지구 곳곳에서 다 제각각이다. 해는 원래, 불공평한 것이다.

모이통을 달아 두면 새들이 날아든다. 그럼, 박새든 참새든 곤줄박이든 멧비둘기든 손을 내밀어 보겠다. 사실 새도 시끄럽다. 찍- 찌익- 특히 직박구리는 시끄럽다. 하지만 말은 못 알아들으면 견딜 만하다. 이미 오래전에, 외국의 어느 시끌시끌한 카페에서 알게 된 것이다. 윙윙 소리는 들리지 않을 것이다. 그런 곳에서는 낙엽을 날리겠다고 송풍기를 메고 다니는 사람이 정신 나간 놈이다.

비가 내리면 비에 젖고, 겨울이면 모닥불을 피우겠다. 그 불에 밤이며 감자며 고구마며 구우면 냄새부터 맛있다. 바사삭- 껍질 까는 소리까지 맛있다. 한 입 호 음 맛있다. 시골에서는 밤사이 내린 눈이 그대로 쌓인다. 그럼 나는 비를 들어 내 갈 길을 쓴다. 반짝이는 눈을 밟으며 아이처럼, 태어나 처음 눈을 맞는 사람처럼 된다. 오리도 올라프도 만든다. 높은 코는 고드름으로 세운다. 그런 장면을 쇼츠로 만들어 올리면 좋아요를 제법 받을지 모른다.

환상이고, 현실은 다르다. 알고 있다. 그러나. 마음이 자꾸만, 자꾸만 떠나는 이 곳보다 못할 데가 있을까. 엘리베이터를 혼자 쓴다는 아파트 광고를 본다. 도시의 욕망은 나에게 태양을 구매하라고 한다. 엘베를 독점하라고 한다. 고개를 내려 손에 들고 있는 가방을 본다. 그것들은 내 작은 쇼핑백에 담기에는 너무 부담스럽고, 에코백으로 들기에는 에너지가 너무 많이 든다.

도시는 욕망하지 않는 나를 욕망하지 않는다. 어느 때는 나를 욕하기도 한다. 어쩌면 나 같은 사람이 없는 게 도시에도 좋은 일일 것이다. 어느 노랫말을 빌려서 써 보면, 나는 도시가 바라던 사람이 아니고 도시도 내가 바라던 곳은 아니다. 하지만 이 모든 게 내 잘못도, 도시의 잘못도 아니다. 다만 서로가 바라지 않는다는 걸 내가 빨리, 너무 빨리 알게 됐을 뿐이다.

도시는 여백의 미가 없고, 나도 여기에 있을 의미가 없다. 생각할수록 나는 이 도시에 어울리지 않는 사람이다. 다큐멘터리에서 숲속 야생 동물에게 먹이 주는 일을 하는 사람을 본다. 나는 그런 곳에서 태어났으면 좋았을 것이다. 그런 일을 하며 살면 좋을 것이다.

웃은 횟수

'우승 횟수'를 '웃은 횟수'로 잘못 알아들었다. 그런데 웃은 횟수가 더 좋게 들렸다.

나는 살면서 우승을 한 적이 없다. 애초에 실력을 겨루는 대회에 나가본 자체가 없다. 그래서 특히 올림픽 같은 스포츠 대회를 볼 때마다 우승하는 기분은 어떨까 궁금하다. 나라면 메달의 색깔보다도 세계 최고라는 사실만으로 계속 웃게 될 것 같다. 그러나 가끔 어떤 이유로 시상대의 제일 높은 곳에서도 웃지 않는, 웃지 못하는 사람들이 있다. 우승을 해야 웃을 수 있는 것 같지만 사실 웃는 것은 우승과 크게 상관없는 일이다.

우리는 우승 횟수는 세어도 웃은 횟수는 세지 않는다. 웃는 건 우승만큼 특별하거나 희소하지 않다. 코미디 프로그램에서는 웃은 횟수를 세기도 한다. 웃지 않는다는 규칙을 정해놓고 웃긴 상황을 만들어 웃은 횟수만큼 벌칙을 주는 것이다. 꾹꾹 참고 참다가 터지고 마는 웃음, 그 얼굴들을 보고 있으면 결국 나도 웃게 된다. 설정된 상황이라도 진심으로 웃겨서 웃은 얼굴은 보는 것만으로 즐겁다.

잘 웃는 건 좋다. 웃는 얼굴에 침 못 뱉는다고 하고, 자꾸 웃으면 못난 얼굴에도 정이 든다고 하지 않나. 어렸을 때, 나는 어느 여자 연예인이 하하하하하하하하하 호탕하게 웃던 소리를 좋아했다. 지금이야 그도 나이가 들었고 시대도 달라졌지만, 그가 젊었던 때에는 조신하지 못하다는 주변의 꾸지람이나 질책을 많이 들었을 것이다. 하지만 그는 웃기면 웃었고, 웃고 싶으면 웃는 것 같았다.

웃는 얼굴 중에서도 솔직한 웃음이 좋다. 어느 청소년의 생일 축하 자리에 함께한 적이 있었다. 전혀 예상하지 못한 뜻밖의 상황에 친구들이 케이크를 들고 나타나자, 그는 정말로 기뻐서 웃었다. 나는 티 없이 맑고 싱그러웠던 그 웃음을 잊지 못한다. 이력서나 프로필의 사진처럼 나에게는 그 얼굴이 그의 대표 이미지로 기억되어 있다. 오래전이라 그도 이제 어른이 되었을 텐데, 다시 만난다면 그도 나이가 많이 들었음을 짓궂게 축하해 줄 것이다.

사랑에 빠진 사람들은 계속 웃는다. 비 예보가 있었던 어느 날, 버스 정류장에서 우산이 없는 한 쌍의 남녀가 갑자기 쏟아진 비를 피하고 있었다. 둘은 연인이 아니었다. 남자는 우산을 사 오겠다고 했고, 여자는 괜찮다고 했다.

남자는 우산을 사 오겠다고 했고, 여자는 괜찮다고 했다. 그런 사랑의 실랑이가 몇 번 오가는 동안 둘은 싱글생글 좋아서 웃었다. 살다 살다 남의 연애도 아닌 썸에 질투가 나는 건 처음이었다. 문득 좋은 비는 때를 알고 내린다는 말이 생각났다. 참 좋을 때였다.

나는 때로 시가 되는 나의 시답잖은 소리와 주로 시적 허용으로 수식한 나의 신소리에 잘 웃어주는 아내를 좋아한다. 하지만 내 눈에 가장 인상적인 아내의 웃는 얼굴은 나의 유우머로 지은 것이 아니다. 언젠가 하루는, 둘 다 입맛이 별로 없어 밥을 제대로 안 챙겨 먹다가 저녁때가 되었다. 나는 바람도 쐴 겸 나가서 먹자며 이것저것 메뉴를 제안했다. 종일 생기가 없던 아내는 여전히 먹고 싶은 게 없었지만 그래 뭐라도 먹어야겠지 끌려 나왔다. 일부러 가 본 적 없는 식당에 갔는데 마침 우리가 좋아하는 감자전을 팔고 있어서 시켰다. 따뜻한 첫입에 아내의 양 입꼬리가 올라가며 얼굴이 화알짝 피었다. 앞으로 행여 아내의 기분이 언짢을 때면, 환한 그 웃음꽃 한 입을 따다가 화난 입술 위에 사알짝 얹어볼 것이다.

여자들에 비해 남자들은 잘 웃지 않는다. 특히 아버지는 엄해야 했던 시절의 남자들이 그랬다. 하지만 그들은 사실 누구보다 잘 웃는다. 나는 늘 엄하게 무섭게 혼을 내

시던 할아버지가 다섯 살짜리 손녀와 쌀보리며 가위바위보를 하며 놀던 날, 개구지게 웃던 얼굴을 잊지 못한다. 세월을 돌리고 주름을 물리는 천진한 웃음, 할아버지는 어느새 그 많은 나이를 잃고 다섯 살 꼬마가 되어 있었다.

부모님이 동창들과 여행을 다녀오셨다. 사진 속 아빠는 내가 한 번도 본 적 없는 얼굴로 웃고 있다. 친구들 사이에서 아이처럼 웃고 있다. 그 얼굴에서 어릴 적 나와 같이 뛰놀던, 아주 신이 난 친구의 모습을 본다. 엄마는 네 아빠 표정 좀 보라며 재밌다고 웃는다. 남자 어른들이 웃는 얼굴을 자주 보고 싶다. 늘 남의 편이라고 하지만, 그래도 그런 남편을 봐 주며 웃는 아내의 얼굴을 자주 보고 싶다.

점잖지 않아 보인다고 다들 웃는데 헛기침이나 하고, 손으로 웃는 얼굴을 가리는 것만큼 옹졸한 짓이 없다. 활짝 웃으면 주름 생긴다고 입술을 당겨 내리는 것만큼 멍청한 짓이 없다. 상황이나 자리에 따라서 그렇게 해야 할 때도 있지만, 웃는 걸 천하게 여기는 건 자기만 귀한 줄 아는 착각 속에 사는 높고 높으신 분들의 일이다. 중세 서구 초상화로 남은 상류층 사람들의 얼굴은 하나같이 무표정하다. 어느 학자는 그들이 웃지 않는 이유로 선망의 대상이 되는 것은 부러워하는 사람과 경험을 공유하지 않는 것에 있다며 선망의 대상은 남들을 흥미롭게 보지 않는다고 했다. 무표정은 자기가 신성하다고 생각하는 사람들의 특권이다. 표정이 없는 게 아니라 비웃음인 것이다.

초상화에는 표정이 없지만, 어쩌면 그림을 그리는 동안 그들이 웃음을 지었을 수도 있다. 그러나 시대의 요구로 그리는 사람이 표정을 지웠을 수도 있다. 옛 초상 사진도 그랬을 것이다. 그림 하나, 사진 한 장이 귀하던 시절이니 얼굴을 온전히 잘 보이게 하려고 웃지 말라고 했을 것이다. 하지만 어쩔 수 없이, 그 한 장의 이미지가 그들을 웃지 않는 사람으로 기억하게 한다.

AI를 활용해 만든 동영상에서 독립운동가들의 웃는 얼굴을 보았다. 굳은 표정으로 기억되던 그분들이 딱 한 번 웃었지만, 세상을 다 가진 얼굴이었다.

서른 어른

"어릴 때는 어른이 되고 싶어 떡국을 두 그릇 먹었어요. 내년에 스무 살이라고 하니 어른이 되고 싶지 않아서 올해 설에는 떡국을 안 먹었어요." 말이 귀엽다.

나도 그랬다. 새 해마다 떡국을 두 그릇 먹었다. 그처럼 빨리 나이를 먹고 싶었기 때문이다. 언젠가는 세 그릇을 먹은 적도 있다. 나보다 떡국을 많이 먹으려는 동생들에게 형 소리를 할 순 없었다. 나도 귀여웠던 때가 있었다.

빨리 어른이 되고 싶었다. 서른이 되고 싶었다. 서른은 어른의 나이였다. 그냥 단순한 생각이었다. 사춘기 이후, 나를 둘러싼 온갖 문제와 고민이 어른이 되면 다 사라질 거로 믿었다. 또 하루 멀어져 간다, 내뿜은 담배 연기처럼, 매일 이별하며 살고 있구나. 노래도 서른으로 나를 불렀다. 그 노랫말은 분명 어른의 것이었다. 나의 스물에 서른 즈음에 있었던 이가 말했다. 내 나이에 이 노래를 들으면 말로 표현할 수 없는 뭔가가 가슴에서 팍 올라온디, 니도 금방 나이 먹을 거야, 소주 맛이 달라질 거야, 그게 술 푸게 하는 거야, 그는 씨익 웃으며 잔을 기울였다. 눈앞에 서른이 아른거렸다.

얼른 서른이 되고 싶었던 나는 스물에 나이를 더해가지 않고, 서른에서 차를 줄이며 살았다. 스물다섯을 스물 더하기 다섯20+5이 아닌 서른 빼기 다섯30-5으로 산 것이다. 그래서 스물을 제대로 누리지 못한 면도 있다. 퍼렇게 시퍼렇게 온통 다 멍이 들어도 끌리는 대로 질러보고 저질러보고, 내키는 대로 개기기도 하고 객기도 부려보며 살았어야 했는데 아깝다. 처절하도록 향기롭다는 장밋빛 미래에 확 묻혀볼 걸 이제 와 돌아보면 좀 아쉽다.

그렇게 되고 싶던 서른이었지만 그즈음의 어느 새해, 나는 나에게 세배하겠다는 동생들의 장난에 돈이며 덕담은커녕 씩 웃어 주지도 못했다. 서른이 되었지만 어른이 되지 못한 것이다. 그렇게 되지 못한 건 내 탓이 가장 크겠지만, 세상의 변화를 빼고 이야기해서도 안 될 것이다.

한국말에서는 서른부터 나이의 받침이 달라진다. 스물까지는 리을ㄹ이지만 서른부터는 니은ㄴ이다. 한글이 상형문자는 아니지만 마치 달리던 발이 멈춰 선 것 같은 모양이다. 이곳저곳 다니며 다양한 경험을 하는 것은 어린이

젊은이의 일이고, 한 자리에 서서 뜻을 펼치는 사람이 어른이겠다. 그러나 근 이십여 년 동안 우리 사회의 많은 것이 빠르게 바뀌었는데 그중에서도 특히 나이를 대하는 시선이 크게 달라졌다. 요즘의 서른에는 예전만큼의 어른을 요구하지 않는다. 취업, 결혼 등 스물의 고개에서 필수라고 했던 것들이 내가 고개를 넘는 동안 선택이 된 것이다.

젊다는 형용사 늙다는 동사, 서른은 어느 쪽일까. 용언은 얼핏 용기의 말인가 싶겠지만 술어다. 상태든 동작이든 어느 쪽으로 응원한다고 해도, 나이를 서술하는 건 우리를 슬프게 한다. 소주 맛이 달라진다던 그와 나의 서른은 같지 않았다. 분명히, 나의 서른은 내가 어릴 때 알던 서른이 아니었다. 나는 스물에는 어른이 되고 싶어 술을 마셨고, 서른에는 어른이 되고 싶어 술을 끊었다.

세상이 서른이 어른이 아니라고 하니, 얼른 서른에서 벗어나고 싶어졌다. 멋도 모르고 십 년을 더 늘려 놓은 바람에 이십 년을 쓰고 살았던 서른을 벗고 싶었다. 그런데 얼마 전에는 나이를 세계화하여 삼백육십오 날을 더 살아야 했다. 기껏 먹었더니 도로 뱉어낸 살 하나를 다시 들이는 그날들이 얼마나 더디고 괴로웠는지 모른다.

떡국은 먹을수록 남은 수가 작아진다. 그런데 왜 나이

는 먹을 때마다 커지는 걸까. 나는 여전히 그 이치를 깨닫지 못했다. 혹시 자기 나이도 잘 모르는 아이가 알까 싶어 네 살짜리 조카에게 물었다. 떡국 먹고 한 살 먹으면 왜 다섯 살이야, 먹으면 하나 없어지니까 세 살이지. 페엥- 조카는 이게 말이야 방귀야 하는 표정을 지었고, 나는 애한테 뭔 뚱딴지같은 소리냐는 타박만 들었다.

생일 기분

나를 아는 사람 중에 내 생일을 아는 사람은 거의 없다. 근래에 만난 사람들에게 생일이 언제인지 말한 적도 없고, 메신저나 소셜미디어는 계정을 만들 때부터 알림을 꺼 놓았다. 매년 돌아오는 내 생일을 잊지 않고 축하해 주는 사람은 우리 가족들과 오래전에 알았던 날짜를 지금까지도 잊지 않고 기억하는 친구 몇뿐이다.

나는 사람들이 생일을 챙겨 주지 않아도 괜찮다. 생일을 물어오지 않는 그들의 무관심이 고맙다. 진심이다. 혹시 나를 아는 사람 중에 이 글을 읽고 괜히 미안한 마음이 들지 않기를 바란다. 오히려 이런 나를 잘 알아주는 것으로 생각하면 서운할 게 하나도 없다. 나는 생일은 물론 다른 기념일들도 특별하게 보내지 않는다. 기념일은 날짜를 기억하는 것만으로 기쁘니 무엇을 더 더하지 않아도 좋은 날이다. 그러려면 빼빼로데이에 빼빼로를 사지 않을 정도의 용기는 낼 수 있어야 한다.

그런데 굳이 굳이 생일을 축하하며 선물을 보내오는 데가 있다. 내 정보가 입력된 회사들이다. 할인을 받기 위해 회원 가입을 했던 온라인 쇼핑몰에서는 생일마다 쿠폰을 보낸다. 꾸러미로 한가득한 선물을 받으려고 로그인을 눌렀는데 비밀번호가 생각이 안 나 안 받기로 한다. 그래도 쓸 만한 선물은 본인임을 인증하여 받는다. 그런데 따지고 보면, 받은 선물을 쓰기 위해 내가 그 회사에 내는 생일 턱이 더 크다. 그래도 일단 내기로 한 기분이니, 기쁘게 쏜다. 그런 선물을 받으면 한편으로 기특하다. 이 회사도 나처럼 일 년을 잘 버티었다는 생각에 대견한 것이다. 회사가 작을수록 그런 마음이 크다. 진심이다. 거의 이십 년 가까이 선물을 보내주는 곳도 있다. 생각할수록, 찡하다.

모처럼 패밀리 레스토랑에 갔다가 알바생들이 아이에게 노래를 불러 주는 걸 봤다. 생일 축하합니다~ 생일 축하합니다~ 아이는 재롱을 부리는 언니들에게 눈길 한번 주지 않고 장난감만 만지작거렸다. 하지만 그들은 프로였고, 아무렇지 않게 노래했다. 아무렇지 않아 보이게 노력했다. 혼이 없는 표정으로 소울을 리스한 흥을 선보였다. 자기 조카한테도 저렇게 안 할 텐데, 고생 많아요. 잘 안 떠는 오지랖으로, 멀리서 눈빛으로나마 수고의 말을 전했다. 그리고 친하지 않은 사람의 생일을 축하해주는 건 시스템에 의한 문자 자동발송이 가장 좋은 것 같다고 생각했다. 그런 장면을 보고 있자니 차오르는 추억에 안 젖을 수가 없다.

    예전에는 술집에서 친구들이 생일 파티를 해 주었다. 해피 버스데이 투 유~ 해피 버스데이 투 유~ 갑자기 불이 꺼지며 노래가 나온다. 화장실에 간다던 친구, 잠깐 전화하고 온다던 친구, 진짜로 담배를 피우러 나갔다가 들어오던 친구가 케이크를 들고 나타난다. 박수를 받고, 촛불을 분다. 케이크를 잘라 한 입씩 먹는다. 술집 사장님께, 소란을 양해해 준 옆 테이블 손님들에게 한 조각씩 나눈다. 깔깔깔 왁자지껄, 감정의 소용돌이, 갑자기 벌건 눈 입 술들, … 그새 고인 추억이 기어이 기억을 불린다.

    파티를 벌이고 혼자 돌아오는 길이면 발바닥에 쩍쩍 달라붙으며 쫓아오는 정체를 알 수 없는 것에 나는 느낀다. 왁자지껄했지만 누구도 지껄이지 않은 것 같은 것, 외로움인 듯 외로움 아닌 외로움 같은 것, 연극이 끝난 뒤 아무도 없는 객석을 보는 것 같지만 그건 아닌 것 같은 것. 그 지저분한 기분들에 질척, 질척거리는 걸음으로 자정을 넘으면 신데렐라의 마법처럼 모든 게 싫어진다. 자격 없는 호박 마차에서 내쫓기듯 버려져 유리 구두 한 쪽마저 잃어버린 밤, 추적추적 비가 정적을 적신다. 잘방, 잘방 금방 발목까지

물. 차오르며 스며드는 물. 금세 나는, 목젖까지 들어찬 물속이다. 옷 머리 신발 양말까지 젖는다, 안 젖을 수가 없다. 여기는 아마 … 비명도 지르지 못하는 물 꿈 속. 감았던 눈을 억지로 떠서 젖은 기분에서 내린다. 옷을 벗어 말린다. 신발도 양말도 벗어 말린다. 어느 때는 다음 날에도, 그 다음 날에도 주룩주룩 비가 계속 내려 말리는 데 며칠이 걸렸다. 그런데 머리는 마르지 않는다. 속이 마르지 않는다. 물에 불었던 기분이 기억될수록, 징하다.

그래서였을까. 언젠가부터 그런 생일 기분에 젖는 게 힘겨워졌다. 그래서 말하지 않게 되었나 보다. 아무도 모르게 지나가고 싶었나 보다. 잠시, 아무개로 살고 싶었나 보다. 생일에는 노래를 듣는다. 아무 노래나 틀지 않는다. 신나는 걸로 틀지 않는다. 기억도 나지 않는 아주 오래전 어느 해 바로 이날에, 내 모든 게 시작되었다. 축하해요 고마워요 나에게 말해요 잘 버티어준 날 기념하는 나의 기념일.

12월의 서울

12월의 서울은 춥다. 하지만 거리에 모인 사람들로 서울은 뜨거워진다.

종로에서는 매해 마지막 날, 새해를 맞이하는 제야의 종 행사가 열린다. 3 2 1 카운트를 세면 "복 많이 받으세요" 댕 댕 댕 종이 서른 세 번 울린다. 사람들은 손을 꼭 잡고 서로를 꽉 안고 희망 가득한 해가 되기를 소망한다.

개인적인 기억도 있다. 내일이면 미성년이 아닌 해의 마지막 날, 나는 거기에 있었다. 거리의 사람들 틈에서 언 손을 녹였고 그들 품에서 찬 몸을 데웠다. 시계를 보다가 경계를 넘었다. 열아홉을 자축했다. 작년에는 카페에, 올해에는 호프에 있었다. 술을 시켰다. 후욱 끓어오르는 술이 나를 범했다. 나도 밤을 취했다. 덜 깬 채 나와 오락실에서 게임을 하다가 첫차를 타고 집에 갔다. 지금에야 별것도 아닌 일이지만, 그렇게 밤을 보낼 수 있는 것만으로 타오르던 열혈 청춘이었다. 가쁜 숨을 식힐 수 없던 열정 젊음이있다.

그 후로도 나처럼 그곳에서 성인이 되었던 사람들이 있을 것이다. 하지만 코로나19의 유행으로 한동안 행사는 취소되었고, 종소리는 온라인으로 울려 퍼졌다.

오랫동안 대통령 선거일은 겨울이었다. 5년마다 돌아오는 빅 이벤트에 유세 현장마다 사람들이 모였다. 물론 다른 지역도 대단했겠지만, 서울은 수도이자 인구가 많기에 모이는 군중 수가 상당했다. 광장이며 시장이며 공원이며 역 앞이며 골목골목이 후보들의 연설과 지지자들의 구호로 후끈 달아올랐다. 사람들은 열화와 같은 환호로 새 얼굴과 새로운 세상을 열망했다. 그러나 유례없는 대통령 탄핵으로 선거는 계절을 바꾸었고, 장갑이며 목도리를 둘러주던 풍경은 옛날 자료 화면이 되어버렸다.

이런 서울에 사람들을 다시 모은 건 사상 최초로 겨울에 열린 카타르 월드컵이었다. 국가대표팀의 경기가 있는 날이면 광화문광장에서는 열렬한 거리 응원이 펼쳐졌다. 대~한민국! 화끈한 응원이 사람들의 뺨까지 빨갛게 달구었다. 말도 안 되는 확률로 토너먼트에 진출한 날은 말 그대로 열광의 도가니였다. 도하의 기적을 잇는 알라얀의 미라클이었다. 손흥민의 드리블 질주, 그의 패스를 이어받아 황희찬이 골을 넣었다. 그 플레이를 리플레이로 여러 번 돌려보며 나는 20년 전으로 돌아갔다. 기억을 되감은 월드컵,

그때도 포르투갈을 상대로 이영표의 크로스를 받아 박지성이 골을 넣어 이겼다. 2002년 그해 우리는 이글거렸다. 그 여름만큼 뜨거운, 겨울이었다.

1 2. 3. 비상계엄이 선포됐다. 희망과 함성이 들리지 않는 서울에 울린 총성이었다. 사람들이 모이지 않아 열기도 온기도 사라진 곳에 내린 차디찬 서리였다.

그 며칠 전 한 영화제에서 〈서울의 봄〉이 최우수작품상을 받았다. 유행에 굼뜬 나는 그제야 영화를 봤고, 며칠 후 계엄의 밤을 뜬눈으로 보았다. 이불 속에서 보았다. 여의도로 국회로 사람들이 모인다. 장갑차를 세운다. 군인과 경찰을 몰아세운다. 사람들이 끓는다. 들끓는다. 이건 게임이다. 현실처럼 리얼한 고화질 라이브에 폰이 열 받는다. 열에서 불이 난다. 뜨거운 이 불 속에서 땅 땅, 땅 망치가 총알을 깬다. 총을 쪼갠다. 긴긴 새벽 어느 녘에 잠이 들었다 깬다. 낯선 낮이 날을 깨운다. 덜 뜬 눈을 떠 덜 깬 꿈을 뭉갠다. 일어나 이불을 갠다.

어느 해보다 추웠던 12월의 서울이다. 이 겨울을 잘 버티어 어서 봄을 일으켜야겠다.

한 번 본, 다시 못 볼

 시골 마을의 잔칫날, 나는 어른들이 돼지 잡는 것을 보고 있었다. 처음 본 아저씨들은 토치로 털을 태우고, 칼로 배를 갈랐다. 처음 본 아주머니들은 창자에 소를 넣고, 가마솥에 순대를 삶았다. 아주 어릴 때이지만 내 평생 그렇게 맛있는 순대는 처음이었다.

 개 잡는 것도 보고 있었다. 처음 본 아저씨 둘은 개를 매달아 몽둥이로 팼다. 그때 나는 그것이 개를 죽이는 방법인 줄로만 알았다. 나중에 군대에서 그렇게 개를 두드려 패야 고기가 맛있어진다는 이야기를 들었다. 개를 먹었는지는 기억에 없다.

 나는 함函도 보았다. 함을 진 아비와 오징어 가면을 쓴 웬 사내들이 대문 앞에서 드러누웠다. 들어와요 못 들어가요 한바탕 실랑이는 봉투가 두툼해지자 싱겁게 끝났다. 곧 아비가 될 사내는 발바닥을 맞았고 불에 구워지는 오징어처럼 꿈틀댔다. 이제 와 생각해 보면, 생사가 오가는 오징어 게임처럼 마냥 재미있지 않았다. 왜 발바닥을 맞는지 그때는 몰랐고 지금도 그리 궁금하지 않다. 다행히도 나는 발바닥을 안 맞고 아내를 맞았다.

상여도 보았다. 동네 남자들 여럿이 커다란 관을 들어 어깨에 멨다. 이제 가면 엉엉 언제 오나 꺽꺽 상여소리가 앞서고 곡소리가 뒤섰다. 작아지는 그 모습을 마지막으로 할아버지는 오지 않았다. 이제 가서 언제 온다고 했는데 그게 언제인지 알려주는 어른은 없었다. 최근에 망자가 가는 길을 안내하는 꼭두에 대해 알게 됐는데 그 상여에 꼭두가 있었는지 궁금했다. 워낙 오래전 일이라 기억은 가물가물, 사진을 찍지도 않았을 터라 확인 불가다.

나보다 조금 윗세대까지는 드물지 않게 봤을 수 있겠지만 도시에서 태어나 자란 내 또래 중에서 이런 장면을 본 사람은 거의 없다. 어릴 때 한 번 본 것들, 이제 시골에서도 다시 보기 힘든 풍경이다.

나는 김광석을 보고 있었다. 그는 기타를 치며 노래를 불렀고, 하모니카를 불었다. 어린 나의 눈에 그는 온몸으로 음악을 만들어 내는 마술사였다. 거리에서 공연하는 것을 가던 길을 멈추어 한두 곡 들은 게 그를 본 전부다. 그러나 광석이 형을 좋아했던 한 친구는 이 이야기만으로 나를 부러워했다. 얼마 후에, 다시는 그를 볼 수 없게 되었다. 그때 내가 좀 더 컸다면, 지금 그가 살아있다면 그의 노래를 들으러 갔을 것이다. 나만 바라보았던 어린 시절을 기념하며 콘서트에 몇 번은 갔을 것이다.

나는 유명한 사람을 봐도 사인이나 사진을 요청하지 않는다. 어느 행사에서 황정순을 보았다. 흑백의 고전영화에서 봤던 분이 한복을 곱게 차려입고 계셨다. 그런 분이 눈앞에 있는 게 이상하게 신기했다. 몇 년 후, 뉴스를 통해 돌아가셨다는 소식을 들었다. 나중에 찾아보니 그때도 팔순이 넘으셨었다. 그때 사진 한 장 찍을 수 있냐고 여쭤볼걸, 유명인의 부고를 듣고 나만 알아보았던 모습을 아쉬워한 적은 그게 유일하다.

우연히 한 번 본, 이제 다시 볼 수 없는 분들이다.

페스티벌의 동틀 무렵, 춤을 추던 남자가 여자에게 입을 맞췄다. 여자는 곧바로 손을 들어 쩍- 남자의 뺨을 후려갈기고 자리를 떴다. 남자는 아무 일 아니라는 듯 미친놈처럼 춤을 췄다. 미친놈이었다. 요즘 그런 일이 있다면 바로 고소 각, 현장에 있던 누군가의 스마트폰에 촬영된 동영상이 증거로 채택될 것이다. 아무튼 드라마에서 물, 김치, 삼겹살, 스파게티 등등 여러 싸대기를 봤지만 살면서 그렇게 빠른 맨손 스윙을 직관한 것은 그때 딱 한 번뿐이다.

단연코 UFO도 보았다. 시간은 정오경, 장소는 논밭으로 시야가 탁 트인 도시의 근교였다. 무심코 고개를 돌렸는데 저 멀리에서 빛나는 점 하나가 슝- 하고 산 뒤쪽으로 사라졌다. 나에게만 확인된 미확인비행물체, 물론 증거는 없다. 눈 깜짝할 새라 당연히 촬영은 하지 못했다. 그러나 나는 UFO라고 단언한다. 내가 아는 한, 인간이 만든 것 중에 그렇게 빠르게 번쩍이는 것은 없기 때문이다.

아침에 일어나 창문을 열고 고개를 들어 하늘을 본다. 혹시 그 물체가 한 번 더 비행하지 않을까. 유유히 바람에 떠 가는 점 하나를 물끄러미 보다 창문을 닫고 돌아선다. 살면서 한 번 본, 다시 못 볼 구름이다.

생각 들

사막

　사막에는 아무것도 없다. 아무것도 없다. 아무것도 없다고만 하면 영 정이 없으니, 모래가 전부라고 해야 하겠다. 모래는 노랗지만 우리말에서 '노란 사막'은 왠지 사막을 잘 표현하지 못하는 느낌이다. 적적함에서 '붉은 사막'이, 막막함에서 '검은 사막'이 더 생생하다.

　하얀 도화지에 사막을 그린다. 붉은과 검은이라고 했지만 결국 나는 노란을 집는다. 물감을 묻혀 슥슥 대충 문지르니, 사막이다. 사막은 그릴 것도 없다. 이 모래밭 어디쯤에서 불쑥 미라가 튀어나온단다. 저 모래언덕 너머에 왕자가 타고 온 비행기가 불시착했단다. 쉭쉭 모래바람을 일으키며 그 거대한 벌레가 나타난단다. 그러면 나는 그 등에 올라타 광막한 사막을 가르겠다. 아무것도 없는 사막이니 상상에도 끝이 없다. 하지만 내가 실제로 그릴 수 있는 것은 한가한 눈동자에 속눈썹이 촘촘히 가지런한, 한 마리 낙타뿐이다.

사막의 모래는 우리 정서의 모래가 아니다. '자갈돌 깨뜨려 모래알'과 다르다. 그곳의 태양은 불이라 돌을 굽는다. 뿔처럼 더 세게, 부울로 더 오래 굽는다. 그 불볕 아래 모든 게 죽어 나간다. 불모지, 누가 그런다, 불이 모든 것을 지운단다. 어느 작가의 말처럼 사막에서 태양이 나무를 기른다는 건 거짓말이다. 살인마인 저 태양은 나무란 나무는 모두 죽인다. 돌도 그리 죽였을 것이다. 깨뜨린 돌과 타 죽은 돌은 다르다. 사막에서 죽은 돌은 오버 로스팅된 원두처럼 손가락 사이에서 툭툭 부서진다. 그 사이에서 태어난 모래다. 맛도 향도 다 날아간 그 노란 가루에 아무리 정성을 들여 물을 돌려 보아도 탄내도 쓴맛도 나지 않는다. 그곳의 태양은 생을 끝까지 태워 마지막 한 줌 숨까지 말려 버린다. 사막에는 그렇게 태어난 모래가 전부다.

인간은 이런 사막도 삶터로 삼았다. 모래 위에 기어코 도시를 세웠다. 호텔, 리조트, 카지노, 분수, 조명, 네온, 쇼, 공연, 유흥, 향락, … 낮에는 그곳의 모든 게 타 죽는다는 게 사실인 듯, 벌건 라스베이거스는 태양이 저문 밤에 비로소 생동한다. 자연은 오래전에 이미 사막에서 인간을 떠나보냈지만, 자본은 다시 사람들을 불러모은다. 두바이로 네옴 시티로 생명이 잉태할 수 없는 곳으로 인간을 이동시킨다. 사막에 기어이 새로운 역사를 씌운다.

근래에 나는 여행에 그다지 흥미가 없어졌다. 개기일식과 오로라 여행 후, 그 여운만으로도 남은 생에 여행이 없어도 된다고 느꼈기 때문이다. 그래도 가고 싶은 곳을 꼽아보라고 하면 사막이다. 나는 사막에 가고 싶다.

늘 스펠링이 헷갈렸던 영어 단어가 데저트desert, 사막와 디저트dessert, 후식. 나는 몰디브 한잔하듯 데저트를 즐기고 싶다. 달군 모래로 끓인 까후와 한 모금에 까눌레, 마들렌, 마카롱, 타르트, … 평소에 찾지 않는 디저트들이 나를 찾아와 줄을 선다. 그 이름들을 하나하나 혀로 잘 반죽하여 모래 오븐에 굽는다. 오버되지 않게, 이쁜하게 굽는다. 한 입 앙 베어 물자 신기루로 사라지는, 아무 냄새도 맛도 없는 구운 과자들을 씹으며 킥킥거리고 싶다.

그렇게 배가 부르면 그대로 드러눕겠다. 그럼 나는 노란 바다에 떠 있다. 호랑이는 없겠지만 그런 바다라면 호랑이가 옆에 있어도 안 무섭다. 누운 나는 생각도 안 하고, 아무것도 안 하겠다. 타고 싶지 않지만 그래도 낙타는 타 봐야하겠다. 그 굽은 등 위에선 천천히 바다를 걷는 느낌일까, 굳은 바다가 일렁일까. 망망대해를 건너며 살았을 먼 옛날 뱃사람이 되어보는 건 바다를 꿈으로만 꾸었던 육지 사람에게 생경한 체험이다. 나는 노란 파도를 만드는 한가한 눈동자의 낙타 등 위에 작은 사람 하나를 그린다.

밤이면 하늘과 모래가 하나다. 검고 누른 천지, 천자문의 첫 네 글자가 그곳에 있다. 태양이 죽은 시간에 비로소 우주가 태어난다. 별이 해처럼 솟고, 별무리가 햇살처럼 쏟아진다. 그럼 나는 눈을 낮에 감고 밤에 뜬다. 까마득하다 드넓다 아득하다 멀다 그런 우주에서는 지금과 여기, 이 시공을 잃어도 좋다. 자본을 벗겨낸 태초의 공간이 있다. 자연의 인류가 떠나온 시초의 시간이 있다. 살아있다는 자체로 숨이 가쁜, 헐떡이는 생의 순간에 내가 있다.

소리가 없어, 다녀온 이가 그런다, 밤에는 어떤 소리가 들리지도 나지도 않는단다. 그럼 나도 말을 안 하겠다. 디저트도 데저트도 없는 영원에서 에스를 어느 쪽에 하나 더 쓰는지 따위에 애쓰지 않겠다. 광활, 적막, 고요, 황량, 침묵, 고독, 척박, 부족, 심연, 영겁, … 무엇 하나 영글지 않은 무지無知의 시공에 언어가 없는 인간이 있다. 나는 그다. 솨솨 알알이 스러지는 노란 알갱이, 출렁이는 촉촉한 파도에 반쯤 묻힌 신발만이 이 지구와 이 오늘에 내가 발을 붙이고 있는 인간임을 알게 할 것이다.

죽었던 태양이 부활한다. 타 죽기 전에, 나는 그곳에서 뜨고 싶다.

춤을 꾸다

 꼭 직접 해 보지 않아도 상상이 되는 것들이 있다. 특히 몸을 움직이는 동작 중에 그런 것들이 많다.

 나는 골프 라운드를 가 본 적이 없다. 같이 치자고 꼬드기는 친구도 있지만 스포츠의 경쟁과 게임적 요소에 흥미를 잃은 지 오래고, 사람들과 나이스하게 어울리지 못하는 내가 골프를 치게 될 일은 없을 것 같다. 아마 골프는 물론 어느 운동도 열심히 배우거나 취미로 하지 않을 것이다.

 다만 연습장에서 퍼팅을 해 본 적이 있는데 꽤 재미있었다. 두 발을 어깨너비로 벌리고 서서, 무릎을 구부린 채 채를 움켜쥐고, 눈 바로 아래에 공을 두고 집중하는 동작은 동적인 운동들과 달리 색다른 느낌이었다. 톡- 작은 힘으로도 공이 빠른 걸 보니 방향과 힘의 세기를 미세하게 조절할 줄 알아야 하겠다. 그렇게 몇 번 치다 보면 어느새, 나는 그린에 있다. 버디 찬스, 라이를 보고 라인을 읽는다. 홀컵을 보고 공을 보고, 어드레스, 한 번 더 보고, 툭- 오르

막을 달리던 공이 휘며 내리막을 구른다. 와아아 먼저 터져 나온 갤러리들의 탄성 뒤로 들리는 똑 또르르- 쏟아지는 박수갈채와 함성 속에서 나는 불끈 주먹을 쥐어 본다. 상상만으로, 짜릿짜릿하다. 물론 진짜 골프장이라면 그린이 웬 말인가. 나는 해저드에서 허우적대고 벙커에서 벙찌기도 전에 티박스에서 멀리건이 되어 있을 것이다.

나는 피겨스케이팅도 해 본 적이 없다. 피겨는 뭔 피겨, 스케이트를 신으면 벽에 기대어 기었다. 얼음을 가르는 사람들 바깥에서 콕- 콕- 제자리걸음으로 얼음을 갈았다. 아기 걸음마처럼 손을 떼면 가랑이를 찢었고 엉덩이를 찧었다. 그래도 다시 일어나서 발을 밀고 모으고, 반대 발을 밀고 모은다. 조금씩 미끄러지며 조금씩 나아간다. 나아진다. 이제 제법 걷게 되었다. 그렇게 몇 바퀴 돌다 보면 어느새, 정빙 시간이다. 나는 의자에 앉아 빙빙 빙포차만 도는 링크를 바라보며 이미지 트레이닝을 한다. 슥- 슥- 스케이팅 선수처럼 얼음을 달려 본다. 피겨 선수도 되어 본다. 뛰어도 보고 돌아도 본다. 무섭고 나는 무겁다. 지금은 시퀀스가 없어졌는데 나는 스파이럴을 좋아했다. 점프나 스핀은 감히 따라 해 볼 엄두도 나지 않지만, 왠지 스파이럴은 할 수 있을 것 같았다. 얼음 위를 '날'아가는 기분일까, 발레의

아라베스크처럼 한 발을 든 채 얼음을 가르는 모습이 그렇게 멋있을 수가 없었다. 어느새, 나는 링크에 있다. 음악이 시작되고, 스케이트 날개를 편다. 슥 스으윽- 미끄러지다가 발을 올리면, 나는 새다. 그렇게 상상의 나래를 펼쳐서 퀸연아도 케리건도 되어 보는 것이다.

나는 파도 속을 뻥 뚫는 서퍼, 하늘 밖을 휘 젓는 스노보더다. 암벽에 들르는 클라이밍, 건물을 거르는 파쿠르를 아무렇지 않게 한다. 장르를 바꿔 피아노 건반을 누르고, 기타 넥을 주무르고, 드럼 스네어를 두드리면 전설의 연주자다. 붓을 쥐면 천재 아티스트, 마우스를 쥐면 고트GOAT 게이머, 프라이팬을 쥐면 달인 셰프다. 현실에서는 꽝이어도 머릿속에서는 짱이다. 상상 속에서 자유자재로 최고의 퍼포먼스를 선보이는 최정상 플레이어가 되는 것이다.

그런데. 도저히 안 되는 게 춤이다. 두둠- 리듬에 맞춰 팔다리를 비틀어 보고, 칫- 머리와 엉덩이를 거들어 본다. 춤꾼들의 몸은 우아한 짓으로, 예술인 선으로 움직이지만 내 몸은 치恥다. 인정한다, 그런데. 왜. 그려지지도 않을까. 다른 것들은 조금 배우면 느낌이라도 오고, 틀리더라도 내 마음대로 해볼 수 있다. 그런데. 왜. 춤은 안 된다. 도무지 모르겠다. 몸을 어떻게 움직이는 건지 상상은커녕 감도 안 온다. 그중에서도 스트리트 댄스는 보는 것만으로 이 세상에 없는 좌절을 선사한다. 신을 불러내는 몸짓에서 춤이 시작되었다고 하는데 보이든 걸이든 이리저리 꺾어 대는 걸 보고 있으면 브레이킹, 락킹, 왁킹 춤신춤왕들이 들린 저 세상 사람들 같다.

나도 멋쟁이 토마토처럼 춤을 추고 싶다. 주스나 케첩이 되는 꿈이 아닌, 춤을 꾸고 싶다.

긍정의 힘、럭키

 나는 무한 긍정이란 말을 썩 좋아하지 않는다. 밑도 끝도 없이 할 수 있다는 말, 다 잘될 거라는 말은 선입선출의 방식으로 관리하여 입귀에 들어오는 순서 그대로 출귀로 내보낸다.

 무한 긍정이란, 말 그대로 긍정을 할수록 그 에너지가 무한으로 커진다. 그렇게 계속 키우고 키우면 그 크기와 무게와 부피는 한 사람이 감당할 수 있는 역량과 범위를 넘게 된다. 자신이 다룰 수 있는 만큼 갖고, 나머지를 주변에 고루고루 나눠줄 수 있으면 아무 문제가 없다. 그러나 안타깝게도 또 놀랍게도, 그런 말을 하며 밝은 면만 보려는 사람들은 무한 긍정의 이러한 속성을 전혀 몰랐다. 대부분이 그 에너지를 키우려고만 하다가 결국 그것에 눌리고 깔리고 밀리고 만 것이다.

 나는 그들의 뒷모습을 여러 번 보았다. 그들은 앞에서는 웃었지만 돌아서면 울었다. 힘차게 파이팅을 외쳤지만 제일 먼저 지쳤다. 결과를 좋게, 자주 예상했지만 누구보다 의심이 많았다. 자기가 낸 상처를 치료하지 못하고 덧내었다. 계속되고 누적되는 실패를 버텨낼 정신력도 체력도 부족했다. 실력이 없는 사람도 있었고, 심지어 노력조차 하지 않는 사람도 있었다. 무엇보다 그들 중 대부분이 결과로서의 성공에만 크게 기뻐할 줄 알았지 과정이나 내적 성장, 성숙의 가치를 낮게 봤다.

어디까지나 내가 봐왔던 주변의 이야기일 뿐이다. 그랬다고 하여 내가 그들을 멀리했거나 비난하는 것은 아니니 부디 오해 없기를 바란다.

빛과 그림자를 동시에 승인하는 것이야말로 삶을 정면에서 직시하는 용기이고 지혜. 어느 작가의 말이 긍정에 대한 내 생각과 같아서 옮겨놓는다. 나에게 긍정이란 밝음과 어둠을 그대로 인정하고 받아들이는 것이다. 면을 나누어 좋은 것과 나쁜 것으로 구분하지 않고, 어느 면을 외면하거나 차별, 분리, 배척하지 않는 것이다. 동시에 일어나는 일이 아니라면, 어느 슈퍼 사장의 말처럼 비기는 삶이 내가 생각하는 긍정이다. 한 번 이기고 한 번 지는 것, 이번엔 나쁜 일 다음엔 좋은 일이 있으면 비기는 것이다. 가위바위보를 몇 번만 하면 승패에 치이기 클 수 있지만, 수백 수만 수억 번을 하면 결국 5:5로 수렴한다. 긴 세월로 비기는 것은 시간으로 긍정을 만드는 방법이다. 가끔은, 남이 보를 낼 때 조금 늦게 보를 내어보는 것도 좋다. 승패를 갖지 않으려 하는 것도 비기는 삶만의 매력이다.

하지만 살다 보면, 분명히 밝은 면만 봐야 할 때가 있다. 살아 보니, 가위바위보에서 연달아 지기만 하는 날들이 있다. 압도적으로 나쁜 일이 많은 구간이 있다. 이럴 때는 일부러라도 억지로라도 밝은 면을 보고 이기는 걸 생각해야 한다. 어둠을 걷는 빛, 그 힘이 필요한 것이다.

나는 무한 긍정은 부정하지만 밝은 말의 힘을 믿는다. 그런 말은 결과를 좋게 만드는 요인이 된다고 믿는다. 실례로 어느 가수는 "안 되는 건 안 돼"라고 하다가 엄청 안 됐고, "괜찮아 잘될 거야"라는 노래로 아주 잘 됐다. 그래서 나도 가끔은 밝은 말의 힘을 빌린다. 할 수 있다, 잘될 거다, 온 우주가 나를 돕는다, 기도를 드리고 주문을 외운다. 실제로 이루어지지 않더라도, 그런 말은 적어도 상황을 더 나쁘게 만들지 않고 좋지 않은 상태로 몰아가지 않는다. 가수에 대한 평가는 그가 직접 말했던 인터뷰를 옮긴 것이니 행여 오해 없기를 바란다.

"럭키 비키"도 밝은 말이다. 바로 내 앞에서 빵이 다 팔렸을 때, 조금 기다리면 갓 나온 빵을 먹을 수 있다는 생각으로 바꾼단다. 그런 말은 지친 기분을 달래고 지루했던 기다림을 다시 설레게 만든다. 내가 그였다면 그 상황에서 무슨 말을 했을까. 딱히 떠오르지 않는다. 설마 설마, 비키를 내 이름으로 바꾸어 말하지는 않았다. 정말로 정말이니 진심으로 오해 없기를 바란다.

〈떴다! 럭키맨〉이라는 만화의 주인공 왕재수에게는 늘 재수 없는 일만 생긴다. 그런 그가 별사탕을 먹으면 세상에서 제일 운이 좋은 럭키맨으로 변신해 순전히 운발로 지구를 지킨다. 그가 쏜 레이저빔은 비틀비틀 엉뚱한 방향으로 날아가지만 마침 지나가던 아저씨의 대머리에 굴절되어 악당에게 향하는 식이다. 럭키맨에게는 "럭키 쿠키" 뒤에 물건을 말하면 그 물건이 생기는 능력도 있다. 그것들도 100% 운으로 작용하여 럭키맨을 돕는다.

일 해도 절 해도 뭘 해도 뭐라 해도 안 되는 때가 있다. 그럴 때는 나도 비키든 쿠키든 럭키를 찾는다. 럭키는 안으로 닫히는 어두운 방, 문을 열 수 있는 키다. 깜깜한 그 속에서 헤매고 더듬는 동안 행운의 열쇠가 손에 걸리기를, 말도 안 되는 운이라도 비틀비틀 굴러들어 오기를 간절히 바라는 마음이다.

차례 상차림

일 년에 두 번 있는 명절이면 언론에서 꼭 차례 상차림에 대해 다룬다. 어릴 적에 본 티브이 뉴스에서는 늘 삼대가 모인 가족이 소개되었다. 세배를 하고 덕담이 오가는 장면과 함께, 다리가 부러질 듯 온갖 음식이 올려진 차례상이 화면에 담겼다. 그리고 꼭 홍동백서紅東白西 조율이시棗栗梨柿 상차림에 대한 훈수도 이어졌다.

요즘은 분위기가 달라졌다. 음식은 간소하게 차리면 된다는 내용의 기사가 많아졌다. 명절이라고 해서 예전만큼 가족들이 모이지도 않고 연휴를 이용해 여행 가는 사람들이 늘어나 차례를 지내지 않는 집이 늘었기 때문일 것이다. 설과 추석이 있는 다음 달에 부부간 소송과 이혼이 많다는 통계가 보여 주듯 그동안 음식 차리는 일로 생긴 갈등과 불화로 얼마나 많은 가정이 괴로운 명절을 보냈던가. 시대에 따라 전하는 내용이 달라지는 것이라지만, 이제 와 사람들이 차례를 지내지 않으니 말을 바꾸는 미디어의 태

세 전환에, 정확한 정보에 대한 반가움보다 괘씸함이 더 앞서는 게 사실이다. 이제야 이런 이야기를 한다며 불같이 화를 내는 사람도 봤다.

차례와 제사는 다르다. 차례는 차를 올리는 간소화된 제사로, 음식은 떡과 과일 두어 가지만 올리면 된다. 특정 과일일 필요도 없고, 제철에 나는 것이면 된다. 술을 석 잔 올리는 기제와 달리 한 잔만 올린다. 내가 주장하는 게 아니라 유교 의례를 지켜온 후손들이 하는 말이다. 제사는 신령이나 돌아가신 조상에게 음식을 대접하여 정성을 나타내는 의식이다. 곰곰이 생각해 보지 않아도 제사상에 올리는 음식이 이렇게 많을 수 없었을 것이다. 툭하면 굶고 고기 한번 실컷 먹는 게 소원이었다던 옛 어른들 말씀을 비추어 보면 그보다 더 옛날에 지금과 같은 거한 상차림은 불가능하다. 냉장고도 없고 유통 시설도 갖추지 못했던 시절, 집안마다 기일이 다른데 제철이 아닌 과일이며 신선한 재료를 구했을 리도 없다. 그러니 가가례, 지방마다 집집마다 상차림이 다를 수밖에 없다.

고려 이후 예서의 기본으로 자리잡은 〈주자가례〉나 18세기에 이를 조선화한 〈사례편람〉 어느 책에도 차례 상차림에 관한 규약은 나오지 않는다. 거한 상차림은 신분제 붕괴와 근대화를 거치면서 생겨난 신종 전통이다. 내가 주장하는 게 아니라 벌써 다 알아보고 찾아본 사람들이 하는 말이다. 제삿날 가족들이 모였는데 후손들만 먹는 것이 죄송하여 조상님께 먼저 예를 차린다. 부모님만 생각하면 눈물이 나, 살아계실 때 맛나게 드셨던 전을 상에 올린다. 그런 식으로 하나둘 음식이 더해졌을 것이다. 음식이 많아지니 어동육서魚東肉西 좌포우혜左脯右醯 순서와 위치를 정했을 것이다. 간소했던 차례상도 제사상처럼 거하게 차리게 됐을 것이다. 엄밀히 따지면 기름으로 부친 전은 절에서 먹던 음식이니 차례상에 올려서는 안 된다.

이미 화가 잔뜩 난 사람들은 거한 상차림을 허례허식이라고 비난한다. 하지만 꼭 그렇게 깎아내릴 일만은 아니다. 어린 손주가 돌아가신 할아버지가 좋아하셨다며 피자를 사 와서 한 조각 상에 올린다. 그것을 보고 기특하고 대견하다고 칭찬하지, 정통과 예법에 맞지 않고 우리 음식이 아니라며 치우라고 할 사람은 없을 것이다. 피자를 사 온 손주의 마음은 저 옛날 상에 전을 올렸던 조상님의 마음과 같다. 거한 상차림은 대를 이어 그런 마음이 더해진 것이다. 잘살게 되어서, 또 할 수 있게 되어서 한 것이다. 남들과 비슷하게 구색이라도 갖춰야 면이 서니 따라 한 것이다. 누가 퍼뜨린 신종 전통이라고 하더라도 그때는 그런 줄 몰랐으니 그렇게 한 것이다.

이제라도 알았으니 이제부터 간소하게 차리면 된다. 하지만 막상 그러기가 쉽지 않을 것이다. 차라리 안 지내고 말지 음식 가짓수를 줄이는 게 더 어렵다. 든 자리는 몰라도 난 자리는 안다고, 뭐 차린 게 없는 휑한 상이 마음에 걸릴 것이다. 그리고 사람 마음이란 원래 더하는 쪽으로만 넉넉해서, 덜 하는 것이나 더는 것에는 여유도 정도 없다.

음식도 마음도 더하기만 해 온 문제이니 빼기를 하면 된다. 요즘은 전반적인 생활 수준이 나아져 못 먹은 게 한이라는 사람은 없다. 오히려 너무 많이 먹는 게 건강을 해친다. 고기며 생선이며 기름진 음식에 과일과 간식까지 잔뜩 먹고 나면 꼭 속이 부대끼고 탈이 난다. 남아서 싸 온 음식을 며칠 더 먹으려니 생각만으로 질린다. 이런 상황을 조상님께 알려 드리면 된다. 차린 음식은 결국 산 사람들이 먹는 것이고, 먹을 입도 줄어 조금만 차렸다고 말씀드리면 된다. 그럼 조상님들은 그래 알았다, 너희들이 알아서 하라고 하실 분들이지 화를 내실 분들이 아니다. 오히려 음식을 많이 해서 남기면 아까운 줄 모른다고, 뭘 이렇게 많이 차렸냐고 혼을 내셨던 분들이다.

차례든 제사든 마음을 드리고 마음을 달래는 일이다. 살아 있는 마음들이 하는 일이다.

많고 많다

쓰레기를 내다 버릴 때마다 쓰레기를 참 많이 만들고 산다는 걸 느낀다. 적게 먹고 덜 쓴다고 하는데도 어느새 가득 찬 봉투와 한가득인 분리 배출할 것들을 보면 무얼 이리 많이 먹고 쓰고 있나 싶다.

집 앞 작은 마트에만 가도 물건이 참 많다. 정말 우리가 이 많은 음식을 다 먹고 있는 걸까, 이 많은 물건을 다 쓰고 사는 걸까. 이 정도 크기의 마트가 우리 동네에만 몇 곳이 있는데 거기에 쇼핑몰과 편의점과 가게들까지, 더하고 곱하여 내가 들고 있는 라면 한 봉지가 지금 전국에 몇 개가 있을지 어림잡아 보지만 계산이 쉽지 않다. 라면 외에도 이 마트에만 물건 종류가 수백, 수천 가지다. 정도의 차이가 있을 뿐 전 세계 도시 풍경이 비슷하니, 그 양으로만 치면 이미 세계 인구가 충분히 먹고 쓰고도 남을 것이다. 하지만 잘 알다시피 음식도 물건도 그 쓰임을 제대로 다하지 못하고 쓰레기로 버려진다.

문제의 근본은 물건을 많이 생산하는 것에 있다. 필요한 만큼만 만들고 쓰면 되는 일이다. 하지만 하나라도 더 만들어야 한 푼이라도 더 이익을 낼 수 있는 구조의 산업은 그렇게 하지 않고, 할 수도 없다. 적게 만들면 다 팔아도 본전도 못 하니 남아서 버리더라도 일단 많이 만들어야 한다. 결국 물건을 많이 사게, 많이 쓰게 하려고 온갖 홍보가 범람하고 온 데가 광고로 범벅이다. 아직 쓸 만한 물건을 아직도 쓰냐고 묻고, 멀쩡한데 뭔가 어정쩡하다고 하고, 필요 없는 것들을 필수템으로 소개한다. 부가 가치는 도덕, 사치는 미덕인 시스템에서 소비는 축제를 하고 생산은 축재를 한다. 시대가 이러하니 아무리 덜 쓰고 안 쓰더라도 물건은 많아지고 많아질 수밖에 없다.

　수가 많아 골치 아픈 것은 농산물도 마찬가지다. 상자 텃밭이라도 해 봤다면, 모종 하나를 심어 수십 장의 상추를 따 먹을 수 있다는 것을 알 것이다. 유전자의 증식 능력은 놀랍고 신비로운 자연 현상이지만, 잘 자라는 상추는 산업과 유통의 관점에서 가치와 가격을 떨어뜨리는 요인이다. 어느 농부가 상추 농사로 생계를 유지한다고 한다면 몇백, 몇천 평의 땅에서 세어 볼 엄두도 안 나는 양의 상추를 심고 거둬야 한다. 그 잎이 모두 입에 들어가고 있을까. 출하 물량이 많아 감자밭을 다 엎어 버렸다거나 양파를 길에다 쏟아 버렸다는 뉴스를 보면 상추의 앞날도 크게 다르지 않을 것이다. 발전된 기술은 인간을 굶주림에서 벗어나게 해 주었지만, 식량 문제는 어제나 오늘이나 내일이나 여전히 우리가 풀어야 할 최대 숙제다.

동물도 많아서 문제다. 특히 개와 고양이는 반려동물로 많이 번식되고 많이 버려진다. 그 생명을 구하는 일이 이 순간에도 계속되고 있다. 관계자의 말을 빌리면, 사람들의 손길이 모이면 모든 동물의 상처를 치료하고 그들을 다 고통에서 벗어나게 할 수 있다고 한다. 하지만 계속 많아지기만 하는 그 수를 개인과 사회, 국가가 다 거두어 돌보기는 벅차다. 말을 한 번 더 빌리면, 확실히 경기가 안 좋을 때는 유기 동물 수가 늘고 입양 문의는 준다고 한다. 인간과 동물이 함께 잘 살 수 있는 개체수 조절이 필요하고, 해결 방안 모색과 정책 시행이 시급한 시점이다.

사람도 많다. 전 세계 대부분의 국가에서 출생률은 떨어졌지만 세계 인구는 여전히 늘고 있다. 김구 선생은 당시의 물질력으로도 20억 명이 다 편안히 살아갈 수 있을 거라고 했다. 피천득 선생은 하느님도 아담과 이브의 후손이 30억이 되리라고는 생각하지 못하셨을 거라고 썼다. BTS는 70억 인구의 삶을 빛으로 노래했고, 현재 세계 인구는 80억 명을 넘었고, 이삼십 년 후면 100억이 될 것으로 예상한다. 지구가 감당할 수 있는 인구수를 20억 명으로 추산한 연구가 있으니 이 관점에서 보면 지구는 이미 포화 상태다. 그래프 기울기가 완만해지는 저출생 현상을 경제나 사회, 기후나 환경 문제로 분석하곤 하는데 심플하게 생각하면 사람들은 그냥 많은 인간에 지친 걸지도 모른다.

드라마도 영화도 음악도 웹툰도 게임도 무슨 무슨 채널이며 전시며 공연이며 스포츠 대회며 하도 많고 많아서 나는 다 보지도 듣지도 하지도 못한다. 어디 가서 알은체라도 하려면 대충이라도 훑어 알아 둬야 한다. 그들을 소개하는 이야기와 동영상이 짧아진 이유다.

책도 너무 많다. 서점이나 도서관에 가면 마트에 갈 때처럼 책이 참 많다고 느낀다. 지식도 감동도 재미도 이미 차고 넘친다. 거기에 나 같은 사람도 책을 만들어 얹는다. 괜히 자원과 에너지만 헛되게 쓴 건 아닌가 싶지만 그래도 많은 독자들이 읽어준다면 그리 허하지는 않을 것이다. 그렇다면 라면을 들고 있는 사람에게 책을 들이밀며, 오늘은 마음의 양식을 채워보시는 게 어떠신가요 라면 스무 봉지 값이면 이 책을 … 지구에도 사람들에게도 나는 늘 미안한 일만 하며 산다.

장식

 꾸미거나 드러내는 것에 감각도 센스도 없기 때문일까, 나는 장식에 별 관심이 없다.

 사실 남자들에게는 딱히 장식이라고 할 만한 물건이 없다. 만약 내가 양복을 입고 출근하는 회사에 다녔다면 그래도 넥타이에는 좀 신경을 써야 했을 것이다. 타이 핀이나 행커치프로 멋을 부려볼 수도 있겠지만 나가는 것도 귀찮은 나에게는 과한 일이다. 잘 생각해 보니, 기념일을 맞아 샀던 커프 링크가 하나 있다. 내가 갖고 있는 거의 유일한 장식품이다. 그러나 정장은커녕 어울릴 만한 셔츠를 입을 일도 자주 없기에 잘 보관만 하고 있다.

 내 손목에는 시계도 없다. 이미 시간을 확인하는 용도로 쓰이지 않은 지 오래인 손목시계는 장식으로서 가치가 더 커진 물건이다. 도리어 학창 시절에는 시계를 차고 다녔었다. 선물받은 것으로 당시 학생 신분으로는 좀 비쌌는데 운동을 하고 오는 길에 잃어버렸다. 내 물건이니 돌아온다

돌아온다 돌아온다는 주문에 시계는 주인을 찾아왔지만, 그동안 몸주가 내린 듯 넋이 나가 있었다. 그런 신들린 경험을 하고서 한동안 시계를 신줏단지처럼 모셨다. 하지만 방 정리를 할 때마다 마땅히 둘 곳이 없어 시계는 여기저기 전전하게 되었고, 나는 또 잃어버릴까 긍긍하게 되었다. 나는 몸에 뭘 걸치면 안 되겠구나, 뜻을 깨달아 한때 귀를 뚫고 싶었던 마음도 접고 접고 접고 접어 버려 버렸다.

장식이라고 하면 역시 액세서리다. 귀에는 귀걸이, 목에는 목걸이, 손가락에 가락지, 머리에는 핀 띠 끈 등 여자들의 장신구가 생각난다. 동물들은 대개 수컷들이 화려하게 꾸미는데 인간은 반대로 여자들이 장식에 더 신경을 쓴다. 이 이야기는 오래전이나 지금이나 들을 때마다 흥미롭다. 최근에 어느 번화가를 지나가게 되었다. 예전 이곳 풍경을 떠올려 비교해 보니, 많은 가게가 유행에 따라 없어지고 새로 생겼다. 그런데 액세서리 가게만 그 모습 그대로인 것 같았다. 시대와 세대가 바뀌어도 장식하고 싶은 마음의 모양은 달라지지 않나 보다.

장식은 아이들도 좋아한다. 가방이며 옷이며 모자에는 키링, 배지, 인형 등 이런저런 것들이 달려 있다. 신발에 다는 지비츠도 유행이다. 우리말로 '신 장식'으로 바꿔 놓은 것을 보고 웃겨서 한참 웃었다. 그런 것을 보고 있으면 나이어리에 스티커를 붙이던 어릴 때로 돌아간다. 교실을 종이 모빌로 꾸미고, 파티용 가랜드를 만들고, 크리스마스트리도 조립했다. 그렇게 준비하는 동안 무척 설레고 즐거웠지만 행사가 끝난 뒤 그것들을 떼어 쓰레기로 버릴 때면 기분이 이상했다. 그때는 어떻게 설명해야 할지 몰랐지만, 조명이 다 꺼지고 세트가 멈춘 텅 빈 무대를 보는 기분과 비슷하지 않았을까.

머리에 꽃을 꽂지 말라는 불교 계율이 있다. 화려한 것을 탐하지 말고, 검소하게 지내라는 뜻이다. 하지만 보다 중요한 포인트는 따로 있다. 장식은 누가 나를 잘 보아 주기를 바라는 마음을 일으킨다. 예쁘다, 멋지다, 잘했다는 소리를 들으면 좋겠지만 아무 반응이 없거나 외려 흠이 잡히고 악담이 돌아온다면 낙담하게 되고 기분이 안 좋아질 것이다. 장식은 개성과 정체성, 감각과 안목을 표현하는 일이지만 예상하지 못했던 부정적 평가가 두렵거나 기대한 만큼의 반응이 없어 실망할 게 걱정된다면 차라리 장식을 하지 않는 게 나을 것이다.

장식에 대해 써 봤는데, 사실 가장 심한 장식이 말과 글이다. 꼭 필요한 단어만 쓴다면 말글이 늘어질 리가 없다. 구절구절 달린 미사여구가 다 장식이다. 하지만 말은 아무래도 좀 늘어놔야 하는 맛이 있고, 글은 어떻게든 좀 늘여놔야 읽는 맛이 난다. 구구절절 구질구질해진 걸 알아도, 어쩔 수 없는 면이 있다.

어쩌면 장식을 하는 사람들도 비슷한 마음일까. 사실 나는 어느 면에서는 장식을 잘하고 잘 하는 사람을 굉장히 존경한다. 내 일이 되고 보니, 이해 못 할 마음이 없다.

방화대교

  행복하자~ 우리, 행복하자~ 아프지 말고.

  양화대교를 건널 때마다 흥얼거리게 된다. 이 노래가 나왔을 때 한동안 자주 들었다. 형용사를 청유하는 가사가 우리글 맞춤법에는 어긋났지만 우리네 마음 법에는 꼭 들어와 맞았다. 노래를 부르면 별사탕, 라면땅, 귀염둥이, 막둥이, 택시 드라이버가 따라 나온다. 언젠가 다른 다리를 건널 때도 이 노래가 생각나 다리 이름을 바꿔 불러봤다. 어디냐고 여쭤보면~ 천호대교, 영동대교, 동작대교, 성산대교, … 영 입에 붙지 않았다. 신행주대교를 욱이거나 잠수교를 늘이는 것은 억지였다.

  양화대교를 건너면 노래를 흥얼거리게 되듯이 한강의 다른 다리를 건널 때도 이런저런 것들이 생각난다. 월드컵대교를 건너면 월드컵이 떠오르는, 아주 단순한 연상이다. 원효대교에서 괴물이 나타나고, 서강대교에서 김 씨가 표류하고, 마포대교에서 폭탄 테러가 난다. 한강을 배경으로 찍은 영화 속 장면들이다. 올림픽대교에서, 성수대교에서, 한강대교에서 아픈 역사의 사건, 사고를 다시 꺼내어 본다. 나처럼, 오늘도 수많은 차와 사람들이 한강을 건넌다. 그 숫자만큼 다리에 쌓여있는 저마다의 사연이 언젠가 다른 노래로 영화로 뉴스로, 이야기가 되어 떠오를 것이다.

한강 다리가 몇 개인지 궁금해 찾아본 적이 있다. 차례대로 하나씩 짚으며 다리를 건넜던 때를 생각했다. 그런데 방화대교만 한 번도 건넌 적이 없었다. 다시 생각해 봐도 방화대교를 건넌 적이 없었다. 방화대교는 양화대교랑 이름이 가장 비슷하다. 흥얼거리던 멜로디에 이름을 바꿔 불러봤다. 다른 다리보다는 나았지만, 별사탕도 라면땅도 택시 드라이버도 따라 나오지 않았다.

어느 날 한강공원을 찾았다가 다리 밑에 한가득한 새떼를 보았다. 겨울을 나고 있는 오리, 기러기, 가마우지, … 수백 마리, 잘 세면 천 마리도 넘을 것 같은 새들이 목을 푹 들여 넣은 채 교각 사이사이에 모여 있었다. 그곳에서 매서운 찬바람을 피하는 걸까, 아니면 인간은 모르는 새들의 잔치라도 열린 걸까. 차로 지하철로 또 걸어서 지금껏 수없이 한강을 건넜지만 다리 위에서는 한 번도 볼 수 없었던, 상상도 해 본 적 없던 풍경이있다.

그 새들을 본 다리는 방화대교였다. 아직 한 번도 건너지 않은 다리다. 언젠가 방화대교를 건너게 되면 흥얼거리던 노래에 다리 이름을 바꿔 불러 볼 것이다. 그러면 오리, 기러기, 가마우지가 멜로디를 따라 다리 위로 훨훨 날아오를 것이다.

행복하게 살자~ 오리, 아파하지 말고~ 그래 그래 꽥꽥

운전

나는 운전을 꽤 잘한다. 내가 운전하는 차에 탔던 동승자들에게 종종 "운전 잘하네"라는 말을 들었으니 괜히 우쭐대려 하는 말은 아니다. 어느 출장길에서는 외국인 손님을 태우고 구불구불한 지방 국도와 산길을 넘은 적이 있는데 그가 "베스트 드라이버"라며 엄지를 들어 보였다. 한국의 어느 이름도 모를 시골 마을에서 죽을 줄 알았는데 다행히 목과 숨이 붙어 있어서 그랬는지 모르겠지만, 어쨌든 이만하면 세계적으로 인정받은 실력이라고 해도 되겠다. 그러고 보니 절대로 남에게 차 키를 내어주지 않는 지인도 나에게 운전을 맡겼던 것이 생각난다. 하지만 제법인 실력에도, 무사고는 아니다. 다 운전이 마냥 재미있었던 시절의 이야기다.

잘하는 것과 별개로 나는 운전을 매우 좋아하지 않는다. 근 몇 년간은 운전을 거의 안 하고 있고, 특히 요즘에는 이동하는 것 자체가 피곤하여 밖에 나가는 일을 최소로

하고 있다. 다행히 도시에서 살아 웬만한 곳은 차로 가지 않아도 불편하지 않게 다니고 있다.

도착 시간을 예상하기 어렵다는 점이 운전을 멀리하게 된 가장 큰 이유다. 내가 사는 도시는 차가 워낙 많아서 출퇴근 시간이 아닌 때에도 좀처럼 시간을 맞추기 어렵다. 빨리 갈 수 있는 수단이 오히려 옴짝달싹할 수 없는 감옥이 되는 것이다. 차 안에서 시계에 쫓기면 마음이 급해진다. 마음이 급하니 서두르게 된다. 가끔 그럴 거면 어제 가지 그랬냐고 하는 사람이 있던데 내가 그런 말에 고개를 끄덕일 멍청이는 아니다. 많이 여유 있게 출발했는데도 길이 너무 막혀서, 또 주차장에서 빈자리를 찾아 빙빙 도느라 아주 중요한 일정에 늦을 뻔한 적이 있었다. 에어컨을 빵빵 튼 차 안에서 뻘뻘 땀을 흘리다 헐레벌떡 뛰었던 일을 겪고서 그런 날이면 더 운전을 안 하려고 한다. 내가 이런 이야기를 하면, 그러니 돈 벌어서 기사를 두라고 하는 사람도 있다. 조수석도 아닌 뒷자리에서 그런 말을 하는 사람은 한 두 대만 쥐어박고 싶은 마음이 급해진다.

최근에는 운전하는 게 겁이 난다. 빨리 가려고 차를 타는 것이기에 운전할 때는 속도를 좀 내야 한다. 언젠가 고속도로에서 시속 100km로 달리고 있는데, 그 세 자리 숫자가 덜컥 무서웠다. 만약 내가 치타였다면 그런 숫자는 쳐다 보지도 않았을 거다. 운전할 때는 빨리 가고 싶어 하는 다른 차들도 잘 챙겨야 한다. 차선을 바꾸려고 왼쪽 깜빡이를 켰더니 뒤차는 빨리 가라는 신호인 줄 알았는지 어느새 옆에 와 있다. 그리 급한 줄도 모르고 앞에 끼어들려고 해서 미안하다. 왕복 이차선 국도에서 규정 속도로 가는데 룸미러를 보니 뒤차가 바짝 붙어있다. 그럴 때는 돈을 훔쳐 달아나는 것도 아닌데 엄청 큰 잘못을 저지른 것 같다. 골목으로 우회전하는 앞차 때문에 밀려 잠깐 섰더니 뒤에서 씨씨 빵빵댄다. 사정을 전할 방법이 없다고 나도 똑같이 씩씩 빽빽댈 수는 없다. 억울한 것보다, 내가 살고 있는 이 도시가 싫어지는 게 슬프다. 타고 있지 않을 때도 차는 무섭다. 집 앞 도로만 해도 차들이 쌩쌩 달린다. 어제 뉴스에서 봤던 차 사고 장면이 떠오른다. 횡단보도 바로 앞에 서 있지 않는다는 교통 전문가의 말과 신작로 가까이 가지 말라던 할아버지 말씀이 하나로 겹친다.

이런 나와는 달리, 운전을 좋아하고 운전을 하고 싶어 하는 사람들이 많은 것 같다. 여러 이유가 있겠지만 그중에서도 자기만의 시공간을 갖고 싶은 마음이 가장 클 것이다. 일과의 대부분을 사람들과 어울리고 사람을 상대해야 하는 상황에서, 오 건석은 혼자만의 시간과 자기 공간이라는 편안함을 느낄 수 있는 자리다. 다른 사람들에게 방해받지 않고 온갖 말과 소음에서 벗어날 수 있는, 조금 과장하여 비유하자면 노이즈캔슬링 같은 느낌이 든다. 아주 오래전 신문에서 남자들이 차를 사고 싶어 하는 심리를 이렇게 분석했던 기사를 읽은 기억이 있다. 그때는 여자 운전자를 볼 수 없었던 시절이다. 그동안 여자들의 사회 진출과 외부 활동이 늘었으니 차도 많아졌을 것이다. 굳이 통계로 확인해 보니, 한 가구에 한 대꼴이던 자동차 대수는 이제 거의 2인당 한 대가 되었다.

운전은 에너지의 높은 효율을 추구하는 인간의 본능과 자연을 정복하고 싶은 욕망을 충족시킨다. 세상에서 제일 빠르다는 단거리 달리기 선수의 순간 최고 시속이 40km를 조금 넘는데 그보다 신체 능력이 월등히 하찮은 내가 발목을 한 번 까닥 움직여 페달을 살짝 밟는 것만으로 같은 속도를 계속 낼 수 있다. 언젠가 운전을 하며 긴 대교를 건너는데 나보다 앞서서 같은 방향으로 날아가는 새떼를 보았다. 나는 채 40초도 안 되어 그 새들을 앞질렀는데 그건 분명히 자연의 일도, 자연스러운 일도 아니었다.

운전은 삶의 만족도를 높여 주는 기술이기도 하다. 어느 과학 실험에서, 연구원들이 쥐가 타고 다닐 수 있게 신체에 맞춘 차를 만들었다. 차에는 세 개의 구리 선이 있어 그것을 만지면 각각 좌회전, 직진, 우회전을 할 수 있었다. 훈련을 받고 운전을 배운 쥐들은 이동할 때 차를 이용했다. 이렇게 운전한 쥐들의 호르몬을 측정했더니 스트레스 대처 호르몬인 디하이드로에피안드로스테론 수치가 높아졌다고 한다. 이동은 그 자체로 신체적, 정신적 스트레스다. 그런데 운전은 나의 에너지는 거의 쓰지 않으면서 빨리 멀리 또 편히 갈 수 있으니 몸에 좋은 것이다. 물론 교통 체증으로 인한 짜증 같은 정신적 고통, 차를 만들고 굴리는 데 들어간 막대한 양의 자원, 환경 오염으로 되돌려 받는 유무형의 피해 등은 쏙 빼고서 하는 이야기다.

자율주행차는 페달을 밟지 않아도 차가 움직인다. 운전자가 없어도 내가 있는 곳으로 알아서 찾아온다. 소설이나 만화에서나 봤던 근두운, 슈퍼보드랑 다를 게 없다. 운전은 당연한 게 아니다. 조금만 일찍 태어나거나 늦게 태어났으면 운전 같은 건 배우지도, 하지도 않았을 것이다.

흉

 사람 팔뚝에 살을 다 발라 먹은 생선 뼈, 그리고 흉터가 있다. 잘못 봤나 싶어 다시 봤는데 맞다. 찾아보니, 수술 자국에 그렇게 그림을 그리는 경우가 있다고 한다. 오히려 더 눈에 잘 띄는 건 아닐까 했지만 자기가 제일 많이 볼 테니 흉터보다는 그림을 보는 게 낫겠다 싶다.

 사람들은 흉을 잘 본다. 내가 생선 그림에서 흉터를 바로 알아본 것처럼 사실 남의 흉은 굉장히 잘 보인다. 나는 흉을 보는 게 꼭 나쁘다고 생각하지 않는다. 따분하고 지루한 인생, 무미하고 건조한 일상에 흉보는 것만큼 무료함을 달래 주는 일도 없다. 그 재미가 둘째가라면 서럽다. 불구경 싸움 구경이 제일이라는 데 동의할 수 없다. 사실 둘은 종목과 장르가 다르다. 구경이 꾼들의 관람이라면 흉보는 것은 참여에 그 맛이 있다.
 시리렁 시리렁 씩싹 톡캐 박 타는 흥부네처럼 흉을 보

면 흥이 난다. 이 박 저 박 타는 박마다 흉을 일만 구만 개씩 털어 비운다. 톱질을 함께 하면 그새 베프요 찐친이요, 한 박을 탄 식구다. 흉보는 대상이 놀부 심보 상사라면 흉 아닌 것도 흉으로 만들어 본다. 님은 무슨, 님이다. 라임에 펀치 라인에 훠우 흥이 오른다. 앞에서 리스펙을 외치고 돌아서 외우는 디스만큼 찌릿짜릿한 흥분도 없다. 힙합 하는 직업인들이야 박자 타며 앞뒤 안 가리고 디스하는 것이지, 직장인 범인들은 귓밥 파는 분들을 피해 뒷골목이나 담벼락 옆에서 디스에 불붙였다 끄는 맛으로 산다.

흉보는 흥을 돋우는 방법 중에 흉내가 있다. 이제 보니, 남 흥을 내어서 흉내인가 보다. 표정 말투 몸짓을 따라 하는 흉내는 흥을 부분으로 해체하고 단순화하여 재구성한다. 이러한 시점의 다중화는 흥을 더욱 도드라지게 또 깊이 있게 표현한다. 3D 안경을 쓰고 보듯 입체감을 더한다. 복사한 듯 똑같이 찍어내는 성대모사는 흉내의 궁극이다. 뒤에서 들려오는 동료가 내는 상사 목소리에 아이 깜짝아! 뒷담화 중에 가슴이 철렁, 놀라 뒤로 자빠진다. 서라운드 사운드처럼 공간감이 살아있는 극강의 몰입감에 소름이 돋는다. 아이고 배야, 현장에서는 한바탕 웃음이 터진다.

이처럼 흉내는 흥을 예술의 경지로, 흥을 절정으로 이끈다. 실감 나는 퍼포먼스에 박수와 환호, 감탄사와 찬사가 쏟아진다. 감상과 해석이 이어지고, 현상으로 문화로 분석된다. 인간이 하는 이 놀이는 분명히 본능이다, 본성이다. 특별히 가르치지 않아도 아이들도 흉을 잘 보고 그 맛을 안다. 하루 종일 친구와 신나게 놀고 와서는, 더욱 흥을 내어 친구를 흉내 내며 흉본다. 어제의 찐친도 오늘의 베프도 없다. 참으로 흥미로운 흉판이 아닐 수 없다.

이토록 흥겹고 흥미진진한 재미이지만 흉을 볼 때 꼭 주의할 게 있다. 흉본 말이 절대로 대상의 귀에 들어가지 않아야 한다. 그 말은 흉기와 같아서 말날이 스친 자리 자리마다 흉터를 만든다. 아무리 흉금을 터놓고 지내는 사이라 하더라도 흉본 말이 돌아 귀에 들어가는 순간, 가슴에 금이 가기 시작할 것이다. 마음이 넓기로 둘째가라면 서럽다는 대인배도 누가 자기 흉을 본다고 하면 밴댕이 소갈머리가 된다. 남 흉은 즐겁게 보지만 내 흉을 즐기는 사람은 없다. 역지사지는 개뿔, 내로남불뿐인 게 흉판이다. 원래 인간이, 우리 마음이 그러하다.

지하철역 에스컬레이터 상행선이 자주 고장난다. 지쳐서 귀가하던 날, 계단을 오르는 데 골이 나고 심술이 나서 일부러 고장내는 거 아니냐, 계획적 구식화 같은 말을 가져와 얼굴 한 번 본 적 없는 이의 흉을 보았다. 씩씩거리며 거의 올라오니, 내 앞에서 걷던 사람이 에컬을 고치러 간다. 아마 내 말을 귓등으로 다 들었을 거다.

그에게뿐일까. 그동안 내가 수없이 보았던 흉이 터를 잡고 그들의 마음을 살살 발라내고 있을 것이다. 나에게도 뼈 가시만 남은 생선이 있기 때문에, 안다. 나도 그것을 흉터로 보고 싶지 않아서 일부러 그 주위에 살이 통통하게 오른 연어軟語들을 풀어놓았다.

그가 담배를 피운다면 그날 돗대에 내 말을 뿜어 버렸기를 빈다. 술을 한다면 그날 막잔에 내 말을 비워 버렸기를 빈다. 그리하지 못했다면 국 엎은 자국을 포도송이로 바꾸는 지혜로 그 터에 무어라도 그려 보았기를 빈다. 서로서로 흉도 봐 가며 사는 게 우리네 인생이라지만, 그래도 조금은 덜 아프기를 바라는 마음이다.

약한 마음

 감기 중에서도 지독한 놈에게 걸렸는지 심하게 아팠다. 아침 내내 누워 있다가 도저히 안 되겠다 싶어서 겉옷만 걸쳐 입고 나가 약을 사 왔다. 대충 밥을 먹고 약도 먹고 도로 이불로, 한숨 푹 자고 일어났더니 그래도 버틸 만하게 나아졌다. 새끼손톱만한 약 한두 알에 기운이 돌아오는 것을 보면서 이 몸뚱이, 참 별것도 아니다 싶었다.

 마음도 아픈 적이 많았다. 사람들과의 관계, 이런저런 걱정과 고민, 나에 대한 실망, 과거의 상처, 미래에 대한 불안 등등 아픈 이유는 다양했다. 그중에서 상대에게 말을 듣지 못했을 때 제일 많이, 크게 아팠다. 고맙다 미안하다 괜찮다 애썼다 잘못했다 죄송하다 사랑한다는 말 한마디를 듣지 못해서 마음은 병들었다. 그런 말을 해 주지 않는 사람을 미워하며 마음은 시들었다.

 말을 듣고 싶은 마음이니 치료 약은 상대가 말을 해 주는 것밖에 없었다. 말 중에서도 고운 말이 잘 들었다. 탕약을 달이듯 정성을 들여서 푹 고아 건넨 말은 특효약이었다. 귀에도 마음에도 쏙 드는 말은 얼음을 녹이는 포근한 햇살이었고, 마른 땅을 적시는 촉촉한 단비였다. 어느 말은 한두 번의 물결로 모래성을 쓸어 부수는 파도처럼 오래오래 쌓아 온 원한마저 허물었다. 거품으로 스러진 자리에 하이얀 물꽃이 피었다 살아 진다. 본래 아무것도 없었다. 한이며 원이며 두고두고 묵히며 묻혀 지내던 날들이 허무하다. 그렇게 단번에 나을 수 있는 거라면 이 맘뚱이도, 뭐 별 거 아니다. 그런데 그때는 그걸 몰랐다.

마음에 잘 듣는 말을 짓는 일은 퍽 고되다. 그 과정은 독하여 말을 달이던 사람이 시들고 병들기도 한다. 그러니 말이 좀 안 들더라도, 고생했고 고민 많았을 상대를 헤아려 고마워할 줄 알아야 한다. 행여 꾀병을 부리는 건 절대 안 될 일이다. 그것은 상대를 못살게 괴롭히는 못된 심술이다. 몇 마디 말 못 들어서 내내 틀어질 마음이라면 아예 배배 꼬고 사는 게 낫다. 그래야 아, 원래 저런 사람이구나 하고 말 것이다. 그게 서로에게 나은 일일 것이다.

약도 독이고, 고운 말에도 중독이 된다. 감기에 걸리지 않게 몸을 튼튼하게 가꾸듯, 고얀 마음에 스스로 아프지 않게 마음을 단단하게 바꿔야겠다.

죽어 있는

왜가리 한 마리가 떠밀려 와 있다. 왜가리는 옆으로 쓰러진 채 한쪽 눈을 위로 향하고 있었다. 바다를 잘 아는 어른은 낚싯바늘이 목에 걸렸을 거라고 했다. 고개를 돌리니 낚시터가 있다. 나와 같은 것을 보고 있던 꼬마가 묻는다. "나도 죽으면 저렇게 돼?"

길을 걷다가 죽은 잠자리를 봤다. 아무렇지 않다. 새라면 어떨까. 얼마 후 정말로 죽은 작은 새를 봤다. 아무렇지 않지 않다. 달리는 차 안에서 죽은 고라니를 본다. 슬프다. 만약 내가 죽은 곰을 눈앞에서 본다면 무섭겠다. 원래 곰이 무서운 동물이어서 그런 게 아니다.

나는 돌아가신 할아버지를 보고 펑펑 울었다. 차갑게 식은 할아버지 얼굴이 드러나는 순간, 눈에서 물이 콱 터졌다. 그것은 할아버지가 돌아가셔서 흘린 눈물이 아니었다. 나와 비슷한 질량과 부피와 무게를 가진 덩어리의 주검을 눈에 들였을 때, 이전까지 몸이 한 번도 느낀 적 없던 공포가 나를 휘감았다. 나는 질끈 힘주어 두 눈을 감았지만, 확확 흔들어 펑 뚜껑을 따 버린 콜라처럼 콸콸콸 터져 흐르는 것을 막을 수 없었다.

  꼬마가 죽은 개미를 본 적이 있을까. 있다면 징그러워하거나 신기해하고 말았을 것이다. 고양이나 개를 키운다면 아직 그 동물의 죽음을 마주한 일은 없을 것이다. 그러나 멀리서 언뜻 봐도 왜가리는 달랐다. 키나 몸집이 자기 덩치를 닮은 죽어 있는 것, 그것에 닿은 눈이 달라진 것이다.
  꼬마의 손을 잡고 있던 어른이 무슨 말을 했는지 듣지 못했다. 아마 대답을 하지 않았을 것이다. 그런 질문에는 답을 하지 않는 게 낫다, 맞다. 아이에게 죽음을 가르치지 말아야 해서, 죽은 것을 가리키지 말아야 해서가 아니다. 꼬마는 죽은 자신을 자기가 볼 수 없다는 걸 알고 있다. 그러니 부모에게 물어보는 것이다. 그러나 세상에 내 새끼를 먼저 떠나보낼 일을 생각하는 아비는 없다. 자기 손으로 묻을 일을 상상하며 그 덩이를 몸에서 꺼냈던 어미는 없다. 아이가 아무리 궁금해해도 그런 일을 가정해 알려주는 건 어른의 일이 아니다. 그러니 못 들은 척. 하는 게 맞다, 그게 낫다.

시간이 흘러 아마 꼬마는 자기가 그런 말을 했었는지 기억하지 못할 것이다. 그리고 보통의 경우처럼, 어미와 아비의 상을 치르게 될 것이다. 그는 이렇게 된 주검 앞에서 엉엉엉엉 울 것이다. 저렇게 돼를 물었던 때처럼 울지 않을 수 없을 것이다. 그렇게 될 것이다. 그도 죽어 있는 것을 묻지 않는, 어른이 될 것이다.

말귀

 말은 그 내용에 힘이 있을 것 같지만 그렇지 않다. 먼저 태어난 사람, 나이 많은 사람, 힘 센 사람, … 주로 권력을 가진 사람이 말을 하고 그렇지 못한 사람들은 듣는다. '말을 잘 듣는다', '말을 잘 따른다'라는 표현에서도 이런 힘의 차이를 알 수 있다. 이를 확인하기 위해 전문가를 찾아가거나 따로 연구를 할 필요는 없다.

 말이 권력이라는 건 이미 우리 몸이 아주 잘 알고 있다. 입은 밥을 먹고, 귀는 말을 먹는다. 배가 고프면 밥을 달라고 하듯, 귀는 말을 달라고 조른다. 권력은 밥 주는 쪽에 있다. 그런데 말하는 입은 하나요, 듣는 귀는 두 개다. 입이 하나니 귀도 하나면 되지만 귀는 두 개여서 말 하나에 2를 곱하여 곱빼기로 먹고 2를 제곱하여 불려서 먹는다. 말은 먹는 순간 바로, 또 저절로 그 힘이 세지는 것이다.

 귀는 말을 가려서 먹는다. 달면 삼키고 쓰면 뱉듯, 말이 쓰면 귀를 막아버리고 귓등으로도 먹지 않는다. 약을 안 먹겠다고 입을 꽉 물고 두 손으로 덮고 있는 어린애 같다. 간식으로 싸서 입에 넣으면 약만 뱉어버리는 강아지 같다. 귀는 달디달고 달디달고 달디단 말만 달라고 한다. 칭찬이 고래를 춤추게 하듯, 감언은 귓속의 달팽이를 달리게 한다. 권력자들은 이런 이치를 잘 알기에 말에 꿀을 바른다. 말을 캔디며 양갱으로 달게 만들어 귀에 먹인다. 그 달달함이 콤콤함이라는 걸 알게 되는 건, 늘 나중의 일이다.

말은 권력이다. 그래서 사람들은 듣기보다 말하기를 좋아한다. 기회만 있으면 말하려고 하고, 가능하면 많이 말하려고 한다. 누울 자리를 보고 다리를 뻗듯, 입은 귀가 보이면 말하고 싶어서 혀를 놀린다. 말하는 입은 움직이지만 듣는 귀는 가만히 있다. 말을 잘 먹고 있는 건지 말이 잘 먹히는지 알 수 없기에 입은 더 열심히, 더 열나게 말한다. 가끔 아무도 없는 데서 혼잣말을 하는 사람도 있는데 그건 자기 말을 먹일 귀를 찾고 있는 것이다.

사람은 말을 하게 두면 안 된다. 귀가 말을 듣게 하면 안 된다. 아무리 훌륭하고 좋은 말씀, 발표, 연설, 강의도 자기 생각과 판단 없이 말만 먹고만 있으면 안 된다. 주는 대로 먹기만 한 귀는 이미 그 말의 노예다. 왕년에 말이야, 라떼는 말이야, 책 한 권으로 2박 3일로 부족한데 말이야, 그 장광설을 듣고 앉아 있으면 안 된다. 사람은 발을 시작하면 일 분 십 분 한 시간 한나절 하루가 벌써란다. 아직 이야기가 한참 남았는데 시간이 너무 빠르단다.

영화를 보면, 마지막 장면에서 꼭 나쁜 놈이 말을 많이 한다. 어이없게도 착한 주인공은 그 말을 듣다가 잠시나마 그를 이해하고 있다. 아이고 그래 다 사정이 있었겠지 관객들도 그의 처지에 공감하고 만다. 말이 이렇게나 무섭다. 호환 마마 전쟁보다 무섭다. 불량 불법 비디오보다 무섭다. 술 담배 마약보다 위험하다. 신작로보다 이불 밖보다 위험하다. 여럿이 말하는 자리에서 사회자를 두는 가장 큰 이유이자 그의 역할은 말을 자르는 것이다. 짧게 길게 다시 짧게, 끊는 권한으로 막아야 하는 게 말이다. 그러니 나쁜 놈은 혀를 놀리기 전에 해치워야 한다. 아니면 찍소리도 못 하게 입부터 틀어막아야 한다. 폼이 좀 빠지더라도 영화감독들은 주인공들 손에 박스테이프나 수건을 쥐여주는 걸 검토할 필요가 있다. 그럼 촬영회차도 줄고, 러닝 타임도 짧아질 것이다.

물론 한 사람에게, 혼자만 말하는 시간이 주어지는 때도 있다. 그런 자리에서 가장 큰 박수는 말을 잘하는 사람이 아니라 정해진 시간을 잘 지킨 사람이 받아야 한다. 나는 어느 포럼에서 알게 된 노 교수를 인상 깊게 기억한다. 그분이 시간표의 분 단위까지 맞춰 발표를 시작하고 끝내는 걸 보고 나는 단번에 그를 존경하게 되었다. 그분은 자기 분야에서 신망받는 분이셨는데 사람들이 찾아와 인사를 할 때도 정중한 답례 외에는 말을 거의 하지 않으셨다. 자기 말이 권력이라는 것을 아는 분이셨다.

이와 완전히 반대되는 경험도 있었다. 두 시간으로 공지된 모임이 세 시간 반을 넘겨서 끝났다. 참여자 대부분이 서로 알고 있는 사이이긴 했지만 처음 참여한 일부는 분위기 때문에 말도 못 하고 끝까지 자리에 있어야 했다. 혼자 연장자인 모 선생의 말이 많았던 게 큰 이유였다. 깊은 속내를 길어 말을 꺼내다 보니 그랬던 것임을 이해는 하지만, 말하는 시간을 그렇게 쓰면 안 된다. 약속한 시간 안에 말을 마무리하는 것은 스피치 기술이기 이전에 귀 두 개로 최소한 두 배로 경청하고 집중하여 준 사람들에 대한 기본 중의 기본 예의다. 그런 자리에서 큰 박수는 귀를 기울여 듣다가 고개가 거의 직각으로 꺾여 말 못 하는 좀비가 된, 듣는 이들에게 향해야 한다.

'마가 뜬다'라는 방송 용어가 있다. 아무도 말하지 않는 시간이 몇 초만 되어도 사람들이 이상하게 어색하게 느끼기에 진행자들은 마가 뜨지 않게 하는 데 신경을 쓴다. 사실 방송이 아니라 일상생활에서도 우리는 사람들과 같이 있을 때 침묵, 고요, 정적을 견디지 못한다. 그러나 마음이 통한다면 굳이 말이 있어야 할 필요가 없다.

    어느 봉사 활동에서, 나는 그날 처음 만난 팀장님과 단둘이 차로 이동하게 되었다. 팀장님은 나보다 나이가 훨씬 많은 분이셨는데 보통 그런 상황에서는 어디 사느냐, 무슨 일을 하느냐, 어떻게 활동하게 되었느냐 어른이 이것저것 물어온다. 하지만 삼십 분 동안 그분이 나에게 말을 건 건 딱 두 번이었고, 신상과는 전혀 무관한 것들이었다. 나는 대답했고, 관련해 서너 번의 짧은 대화가 오갔다. 보통 어른이 운전하는 그런 상황에서는 조수석에 앉은 사람이 별로 궁금하지 않아도 괜히 이것저것 물어본다. 하지만 나는 그러지 않았다. 그렇다고 내가 운전하는 어른 옆에서 예의 없이 폰을 보거나 졸거나 창밖 경치나 즐기지는 않았다. 나는 별로 말씀이 없는 분이구나 했고, 아마 그분도 나를 그렇게 생각했을 것이다. 그러자 내 딴에는 마음이 통하는 느낌이 있었고 그 자리가 전혀 불편하지 않았다. 우리는 서로에게 억지로 말을 먹이려 하지 않았고 말을 달라고 하지 않았다. 누구라도 말을 꺼냈다면 뜻밖의 맛있는 말을 맛봤을지도 모른다. 하지만 초면인 사람과 서로의 침묵을 조용히 음미했던 시간이 나에게는 아주 특별하고 좋은 기억으로, 오랜 여운으로 남아 있다.

예전에는 침묵이 금이라고 했지만, 요즘에는 죽음이다. 말을 안 하면 없는 사람, 죽은 사람과 같다. 심지어 자기가 무슨 말을 하는지 몰라도 일단 아무 말이라도 해야 먹고 사는 시대다. 언제 어디에서든 바로 말을 꺼내 먹을 수 있는 시대다. 수많은 비디오, 오디오에서 말이 끊임없이 재생되고 반복된다. 무음은 편집에서 제거되어 먹는 동안 쉬는 틈이 없다. 그 말을 다 먹으면 말고리즘이 또 다른 말을 먹이려 달려든다. 이런저런 채널을 구독하지 않는 이유다.

모두가 다 말을 하니 세상이 어지간히 시끄럽다. 어쩌다가 인간이 이렇게 말을 많이 하게 된 건지 진실로 절망스럽다. 조용히 살고 싶은 사람은 20세기에 태어나지 말았어야 한다고 19세기 후반에 태어나 20세기 초반에 생을 마감한 이가 말했다. 안타깝게도 나는 20세기 후반에 태어나 21세기를 살아가고 있다. 왜 하필 이 새끼, 아니 이 세기가 간절히 나를 원해서 이 말 많은 세상을 살고 있을까. 한 줄기 맑은 물소리로 나는 남으리, 산에서 만나는 고독과 악수하며 그대로 산이 된들 또 어떠리 ….

철부지

 철부지는 철을 따라 심고 거둬야 했던 농경사회에서 철을 모르고 행동하는 어리석은 사람을 가리키는 말이다.

 삼백만 년 동안 인간은 철을 상관으로 모시고 살았다. 철의 명령을 순순히 따랐고, 거스를 힘도 없었다. 그러나 산업혁명을 기점으로 인간은 철의 말을 듣지 않았다. 그 상징이자 시작이 기차다. 철로가 놓이자 사람들은 감자밭이 아닌 방적공장으로 향했고, 점점 더 많은 사람들이 출퇴근하는 삶을 살았다. 인류에게 필요한 건 시계와 시간표였지 태양이 아니었다. 그 후로 인류가 발전시켜 온 기술은 인간의 삶을 철과 더 이상 상관없게 하는 것이었고, 철을 철저히 무시하는 것이었다. 우리는 해가 길거나 짧거나 밤을 밝히고 산다. 더울 땐 춥게, 추울 땐 덥게 지낼 수 있다. 수박과 참외는 일 년 내내 나고, 여름 과일이던 딸기를 겨울에 먹은 지도 오래다. 채소도 이리될 것이고, 이미 되고 있다. 아하! 비닐로 키운 식물들의 제철을 비밀로 하는 것이 이 혁명의 성공 비결이란다.

　삼백 년 동안 인간이 철없이, 철모르고 살았더니 철이 달라졌다. 전 세계가 이상 기후, 기상 이변으로 난리란다. 제철이 무색하니 봄 꽃 봉오리가 한꺼번에 터진다. 이제껏 본 적 없던 꽃들의 철다툼이 짠하고 애잔하다. 가을은 말이 살찔 새도 모자라니 이제 갈로 써야 하겠다. 군살 없는 준말을 만드니 더 빠르게 지나간다. 갈수록 사람들이 책을 안 읽는 건 이처럼 책 익는 계절이 짧아진 탓이겠다. 책장을 덮지 못한 채, 겨울을 맞는다. 포근했다가도 포악해지는 기온의 심술을 알아채고 눈치채는 일이 점점 어려워진다. 여름은 점점점 길어진다. 늘어지는 무더위가 질린다. 변칙적인 날씨 때문에 나들이 철, 해수욕 철, 수확 철, 스키 철을 미루고 당긴다. 특히 올여름은 너어어어어무 길었다. 추위를 일찍 타서 추석 전이면 쌀쌀한 나는 가을옷을 반쯤 꺼냈다가 다시 넣어야 했다.

　11월 중순에도 철겨운 모기를 본다. 날짜와 달력을 알 턱이 없는 모기, 네가 바로 철부지구나. 탁 잡고 보니 아차! 철이 든 모기다. 변한 철도 모르고 덜 익은 갈옷을 꺼냈던, 철부지는 나구나.

먼지의 질량

 아침 기운에 일어나 몸을 반만 일으켜 앉는다. 커튼 틈 사이 볕뉘를 눈에 들인다. 빛에 비치는 실 같은 먼지 하나, 기다려 손바닥 위에 앉힌다. 3mm? 2mm쯤 될 것 같다. 짧고 작다. 그래도 이 정도면 먼지 중에서 길고 큰 편이겠다.

 문득 먼지의 무게가 얼마인지 궁금하다. 디지털 체중계가 있다. 숫자를 0.0에 맞추고 먼지를 올려놓는다. 숫자는 바뀌지 않는다. 다른 방법을 생각해 본다. 일, 먼지를 들고 체중계에 오른다. 이, 먼지를 내려놓고 나만 체중계에 오른다. 일에서 이를 빼면 먼지의 무게를 구할 수 있다. 천재다.

 벽과 책장 틈, 그 사이에 책 한 권이 끼었다. 무거운 책장을 끄응 끌어내니 바닥이 먼지다. 이왕 쓸자. 빗자루로 스윽, 먼지 뭉치다. 손바닥 반만 하다. 아침에 본 먼지의 몇 배? 못해도 만 배는 되겠다. 이 정도면 무게를 잴 수 있지 않을까, 다시 체중계를 꺼내어 먼지를 올려놓는다. 숫자는 바뀌지 않는다. 다른 방법을 생각해 본다. 일, 먼지를 들고 체중계에 오른다. 이, 먼지를 내려놓고 나만 … 천치다.

  인간이 먼지 같다는 말이 있다. 인간의 몸을 이루고 있는 원소인 탄소, 수소, 산소, 질소, 인, 황 등이 저 먼 옛날 별에서 온 먼지이니 사실을 비유로 하는 말이다. 우주 스케일로 보면, 키가 2m도 안 되는 나는 제법 크다는 2mm도 안 되는 먼지겠다. 나는 1로 존재하나 우주라는 저울에 올리면 0.000000000000000000… 0을 몇 개나 붙이고 나서야 나의 일 하나를 쓸 수 있을까. 할, 분, 리, 모, 사, 홀, 미, 섬, 사, 진, 애, 묘, 막, 모호, 준순, 수유, 순식, 탄지, 찰나, 육덕, 허공, 청정 나는 점점점 점에서 멀어지는 일로 작아진다. 가없는 우주에 나라는 일이 하찮다.

  그 일을 만 배, 억 배로 모아도 저울의 숫자는 바뀌지 않는다. 조, 경, 해, 자, 양, 구, 간, 정, 재, 극, 항하사, 아승기, 나유타, 불가사의, 무량대수라면 바뀔지도 모르겠지만 안타깝게도 지구에 인간은 80억분이다. 이렇게 작고 적은 인간이라는 미물에 세상 만물이라 하는 동물, 식물, 생물, 광물, 인류의 문물까지 지구의 물이란 것들의 질량과 운동량을 다 그러모아도 우주라는 저울의 소수점 아래 첫째 자리를 바꾸지는 못할 것이다. 그렇게 0.1을 만들었나 한들 그

일에 무슨 의미가 있을까.

인간의 몸도 이러한데 살금살금 속삭이는 바람결에도 온갖 요란을 떨며 흔들리는 가볍고 가벼운 마음, 가느다란 실오라기 먼지 하나 될 수 없는 이 내 마음의 무게는 어떻게 잴 수 있을까.

나를 움직이는 마음이란 참으로 아무것도 아니다. 그것은 질량을 잴 수 없어서 우주의 먼지조차 될 수 없다.

살림의 사랑

 살림은 '살다'의 사동사 '살리다'의 명사형이다. 살리다 앞에는 목적어로 '죽어가는 것'이 놓인다. 의사가 죽어가는 환자를 살리지, 죽은 환자나 살아있는 사람을 살리는 일은 없다. 그러니 살림은 '죽어가는 것을 살리는 일'이다.

 말로는 '살아간다'라고 하지만 사실 우리는 죽어간다. 사람은 나이가 들어 병이 들어 죽는다. 그러나 그전에, 먹지 않으면 죽는다. '배고파 죽겠다'라는 말은 먹지 않으면 정말로 죽으니 하는 말이다. 적어도 나는 하루에 세 번씩 배가 고파 죽어간다. 그런 나를 살리려면 나는 뭐라도 먹어야 한다. 그 먹는 것을 만드는 일이 요리이니, 요리는 죽어가는 사람을 살리는 일이다.

 우리가 입은 옷은 구겨지고 땀에 찌들고 색이 바랜다. 옷의 관점에서 말하면, 풀이 죽고 맵시가 죽는다. 더러워진 옷을 깨끗하게 빨고 다리는 일은 죽어가는 옷을 살리는 일이다. 청소는 죽어가는 집과 물건을 살리는 일이다. 공간과 물건은 쓸수록 쓰임을 다하며 죽어가니, 쓸고 닦고 아끼는 일은 그것들을 살리는 일이다. 요리, 빨래, 청소 같은 살림은 사람이 살아가는 데 필요하다는 의식주와 긴밀히 관계되어 있다. 그러니 결국 살림은 사람을 살리는 일이다. 우리는 모든 순간에 죽어가고 있기에 사람을 살리는 일인 살림에는 그 끝이 없다고 하는 것이다.

하지만 살림이 귀찮은 일, 하찮은 일, 가치 없는 일이 된 지는 이미 아주 오래되었다. 끝이 없는 집안 살림을 하기 싫었던 사람들은 밖으로만 나다녔다. 남자들이 쭉 그랬고, 이제 여자들도 그런다. 신분제에서는 몽땅 하인들에게 시켰고, 요즘은 구성원끼리 서로에게 넘기다 누구도 하지 않겠다고 하면 서비스를 부른다. 사람들이 더욱더 살림을 하지 않게 된 것은 살림의 공을 알아주지 않아서가 아니다. 정확히는, 살림을 가사 노동으로 바꾸어 그 일에 가격을 매기고 나서부터 사람들은 본격적으로 살림을 하지 않기로 마음먹었다. 살림이 그 정도 돈을 내면 하지 않아도 되는 상품이 된 것이다.

그러나 살림은 그 자체가 가치다. 살림의 동력원은 오직 사랑이기 때문이다. 사랑이 아니면 아무것도 살릴 수 없기 때문이다. 사람은 사랑하지 않으면 죽어가는 것에 다가가지 않는다. 그 가까이에 있으려고도 하지 않는다. 사랑만

이 죽어가는 것을 살리는 힘, 에너지인 것이다.

그런 사랑에 어떻게 값을 매길 수 있을까. 사랑을 사겠다고 얼마면 되냐고 물을 수 있고, 얼마나 줄 수 있냐고 되물을 수 있다. 하지만 사람마다 부르는 값이 천차만별인 것을 정상적인 가격이라고 할 수는 없다. 사랑은 줄 수도 있고 받을 수도 있지만, 기브 앤 테이크give and take의 개념이 아니다. 아무것도 주지 않고 받은 것 하나 없어도 사랑일 수 있기 때문이다. 사랑은 따뜻한 한 잔의 차 같다. 아주 잠깐 기분 좋은 향과 온기, 약간의 에너지를 전하고 이내 사라진다. 그 한 잔으로 방을 데울 수 없고, 방 온도를 올려 차가 식지 않게 할 수 없다. 그래서 사랑은 엔트로피entropy다. 어느 노랫말처럼 사랑이란 노래 한 곡보다도 짧다. 애초에 영원한 사랑이란 건 없다. 그 짧은 사랑을 자꾸 자꾸 계속 계속 반복할 때 영원인 것처럼 느껴질 뿐이다.

살아있는 한, 살림은 끝나지 않는다. 그래서 살림에는 무한한 사랑, 끊임없는 사랑이 요구된다. 우리가 보통 남자 어른보다 어머니, 할머니 손길을 더 그리워하는 이유는 나를 살리었던 살림의 사랑이 온몸과 마음 구석구석에 배어 있기 때문이다. 그치지 않았던, 지치지 않았던 그 사랑이 내 삶을 빚었고 나라는 사람을 빛내었기 때문이다. 그러나 그렇게 사랑을 다하였어도 그 사랑을 다 잊고, 집에서 살림을 하는 사람을 보면 불쌍하다고 한다. 여자들에게 쭉 그랬고, 이제 남자들에게도 그런다.

이런 이야기는 더 일찍 깨달아 20세기에 했어야 했다. 아무리 늦어도 20세기의 물이 덜 빠졌던 21세기 초반 20년 전에는 했어야 했다. 그동안 살림은 조금씩 기계가 대신해 왔고, 이제 로봇과 AI가 하겠다고 나서고 있다. 앞으로 그것들이 나를 살릴 것이고, 나도 그것들이 죽지 않게 살려야 할 것이다. 뭐, 이 또한 사랑의 새로운 모양이긴 하겠다.

자랑 말고

　돈이 많으면 돈을 자랑하고, 힘이 있으면 힘을 자랑한다. 배운 사람은 지식을, 공부한 사람은 학식을, 많이 알면 다식을 자랑한다. 장기가 있으면 장기자랑에 나가고, 그중에서도 노래를 잘 부르면 노래자랑에 나간다. 잘 벌고, 잘 쓰고, 잘 알고, 잘하는 것은 다 자랑이다.

　잘난 부모, 잘난 자식은 그대로 자랑이다. 사람은 저 잘난 맛에 사는 것 같지만 사실 대부분 잘나가는 가족 덕으로 산다. 잘빠진 몸매, 잘생긴 얼굴도 잘 나온 것이라 자랑이다. 예전에는 잘난 사람들이 겸손하였지만 이제 힘들다고 한다. 사람들도 노력하는 사람을 칭찬하긴 하지만, 확실히 요즘은 잘난 사람을 칭송하는 데 더 진심이고 열심이다. 못나고 못 나가고 못 나온 사람들은 무슨 죄라도 지은 듯 죄다 입을 꾹 닫고 산다. 실제로 죄를 지은 사람도 뭘 잘했다고 할말 다 하며 죄도 자랑하는 세상인데, 자랑일 게 없다고 입도 뻥긋 못 한다는 게 믿기 대단히 잘못됐나는 생각이 드는 요즘이다. 어쨌든 세상이 이러하니 뭐라도 자랑해야 한다. 찾고 뒤져서 한 줌 자잘한 것, 짤짤했던 한 번까지 기어이 꺼내어 자랑해야 하는 것이다.

    인정받고 칭찬받고 박수받고 싶다. 뽐내고 싶고, 한 번쯤은 뻐겨 보고 싶고, 남의 부러움을 사고 싶다. 사람 마음이 이러한 것을 어찌할 도리는 없다. 하지만, 내가 언제나 사람들의 박수를 받아야 하는 건 아니다. 칭찬이나 칭송의 반대는 야유가 아니다. 나를 몰라주는 것이 섭섭하지만 그들이 나를 알아줘야 할 이유도 없다.

    잘 보면, 우리는 자랑이 될 것만 드러내고 그렇지 못한 것은 가리고 감춘다. 사업이 잘될 때 떵떵대던 사람도 일이 잘 안되면 연락이 잘 안된다. 나중에는 그저 무소식이 희소식이기를 바랄 뿐이다. 자기 애가 똑똑하다며 호들갑이던 부모도 자식이 자기 기준에 미치지 못하면 말이 없어진다. 자식에게는 너한테 투자한 게 얼만지 아냐며 막말을 하고, 아이는 잘못된 길로 들어선다. 주변에서 뉴스에서 드라마에서 드물지 않게 보는 일이다.

    잘 보지 않아도, 우리는 자랑이 될 것만 사랑한다. 자랑이 아닌 것, 안 되는 것은 언제나 우선순위에서 밀려 있다. 그러나, 자랑의 전제 조건이 사랑이다. 사전에도 분명히 자랑보다 사랑이 앞에 있다.

나는 나를 낳아주신 부모의 사랑을 느낀다. 아내와 그를 길러주신 부모의 사랑을 느낀다. 함께 자란 형제와 그가 이루어 주는 가족의 사랑을 느낀다. 언제라도 나를 반갑게 맞아 주는 친척들의 사랑을 느낀다. 오랜만이라도 만나면 즐거운 친구들, 동료들이 주는 사랑을 느낀다. 나는 잊었어도 나를 기억해 주는 이들의 사랑이 느껴진다. 자랑일 게 없는 나를 사랑하는 사람들이다. 언젠가 멀리 사는 친구 집에 놀러 간 적이 있다. 친구는 자기를 보러 멀리서 와 주었다며 가족들에게 자랑하듯 나를 소개했다. 그저 친구라는 것만으로 자랑이 되었던 경험을 하고서 나는 친구들을 더 사랑하기로 했다.

자랑은 사람의 셈을 밝힌다. 나는 우리가 사랑의 셈에 더 밝았으면 좋겠다. 돈을 사랑에 나누면 가치 있게 쓰인다. 돈을 자랑하지 않아도 사람들이 그 나눔의 사랑을 자랑으로 이야기하고 다닐 것이다. 힘을 사랑에 빼면 사람이 편해진다. 긴장을 덜어 몸과 마음이 가벼워진다. 힘으로 억지로 하려 하지 않으니 사람들과의 관계도 더 건강해진다. 앎을 사랑에 곱하면 지혜가 된다. 사랑을 거듭해 합친 앎은 단순한 식에 그치지 않고 진리에 닿을 것이다. 세상의 이치와 근본을 깨달아 슬기롭고 현명하게 사는 것은 본보기기 되는 삶이요, 저절로 따르고 싶은 부러움을 사는 일이다. 노래를 사랑에 더하면 사랑 노래다. 세상에 사랑을 노래하는 것만큼 사랑스러운 일이 또 있을까. 순서를 바꿔 더하면 노래 사랑이다. 노래자랑과 달리, 노래를 못해도 할 수 있는 게 노래 사랑이다. 박치여도 음치여도 땡을 받고 빵 점을 받아도 그저 좋다. 언제든 기분 좋아지는 노래 사랑 같은 기쁨도 우리 인생에 세어보면 몇 개 없다.

사랑을 나눠줄 만큼 행복한 사람이 되면 그대에게 제일 먼저 자랑할 거예요~ 들려오는 노랫말에서 자랑보다 사랑이 먼저라는 걸 다시 확인한다. 자랑 다음에는 뭘 할 수 있을까. 차카타 다음에 파랑이 있다. 사실 나는 누구의 자랑도 사랑도 되고 싶지 않다. 그저 한순간 당신 앞에 펼쳐졌던 파랑이었으면 좋겠다.

돈 돌

 돈은 돌고 돌아 돈이다. 경제는 돈이 도는 돈판, 돈을 돌리는 돈판이다. 경제 활동이란 돈판에 끼어서 내 손에 돈을 거쳐 가게 하는 일이다. 돈을 버는 것은 매를 버는 것과 같은 것 같다. 매를 버는 게 나에게 매질할 생각이 없는 사람에게 매 맞을 짓을 하는 것이듯, 돈을 버는 건 나에게 돈 줄 생각이 없는 사람에게 돈 받을 일을 하는 것이다.

 오늘날 돈을 버는 일은 대부분 시장에서 이루어진다. 나는 내가 가진 것을 시장에 내다 팔아야 한다. 몸을 팔고, 마음을 팔고, 능력을 팔고, 지식을 팔고, 재주를 팔고, 장기를 팔고, 가치를 팔고, 시간을 팔고, 공간을 팔고, 꿈을 팔고, 웃음을 팔고, 눈물을 팔고, 공포를 팔고, 상처를 팔고, 희망을 팔고, 미래를 팔고, 진심을 팔고, 진실을 팔고, 영혼을 팔고, 기분을 팔고, 태도를 팔고, 잘 아는 사람을 팔고, 어디서 약을 팔고, 못 볼 걸 안 본 눈이라도 팔아야 한다. 잔뜩 늘어놓았지만 뭐 하나 제대로 가진 것도, 자신 있게 내놓을 만한 것도 없는 나는 모두가 가지고 있는 이야기를 팔고 있다. 그것도 동영상의 시대에, 글자로 문장으로 책으로 만들어 팔고 있다. 누구도 나에게 글을 쓰라고 한 적이 없다. 자기가 살 테니 책을 팔라고 한 사람도 없다. 나는 사람들이 원하는지 또 세상에 필요한지 확인되지 않은 일을 멋대로 마음대로 하고서 책을 팔고 있다. 그래도 시장 어느 구석에라도 자리를 깔아 두면, 오고 가며 마음이 혹하여 사는 사람들이 있다. 그렇게 나도 돈을 벌고 있으니 참 다행이고, 감사한 일이다.

돈은 돌고 돈다. 그런데 가끔 시장의 규칙에서 벗어나 그냥 내 주머니로 들어오는 돈이 있다. 아무것도 팔지 않았는데 돈이 벌린 것이다. 그런 돈은 돌이 되는데, 돌에는 사연이며 사정이며 사람이 깃들어 있다.

아주 오래전, 길에서 사만 원쯤 되는 돈을 주운 적이 있다. 배춧잎, 은행잎, 빨간 단풍잎 십여 장으로 이룬 돈이었다. 돈은 둥글게 말려 있었고, 잔뜩 구겨져 있었다. 어떤 인연으로 나에게 온 것일까, 어떻게 해야 할지 몰라 들고 있다가 일단 집에 가져왔다. 몇 날 몇 달을 그대로 두었다. 오며 가며 보다가 문득, 운수 좋은 날 같은 돈이라는 생각이 들었다. 그러자 갑자기 돈이 설렁탕이 되었다. 나뭇등걸이 되었다. 가슴에 날아와 턱, 돌이 되었다. 험한 돌, 흉한 돌이 되자 얼른 내보내야 했다. 다 써서 버려야 했다. 안 먹는 과자도 사 먹고, 괜히 펜도 샀다. 마지막 남은 돈은 세탁소에서 썼다. 주머니에서 그 꼬깃꾸깃한 지폐를 꺼냈더니 사장은 받자마자 다리미로 스윽슥 빳빳하게 폈다. 돌이 다시 돈이 되는 순간이었다. 아, 이런 방법이 있었구나. 박혔던 돌이 쏙 빠지며 막혔던 속이 뻥 뚫렸다.

그러나, 돈판에 돌려 다시 돈이 되었어도 마음을 꾸욱 찌르는 돌들이 있다. 가슴에 계속 걸려 있는 돌들이 있다. 고모가 투병하는 모습 보여 미안하다며 쥐여준 삼만 원, 사고뭉치 같던 형이 취직하고 용돈 하라며 찔러준 이만 원, 돈 받을 나이가 지난 어느 해 설날 할머니가 보내준 만 원. 나는 그 돌들을 오래오래 가지고 있고 싶었지만 결국 돈으로 썼다. 눈을 뜨면 내 목을 조르는 영수증에 네가 건네준 일 달러도 그저 돈이 돼 버린다는 노랫말처럼 써 버리고 말았다. 이제 그 돌들이 컥, 덩이가 되어 가슴을 누른다. 그나마 다행히도 그해의 세뱃돈은 노잣돈으로 돌려 드렸다.

어릴 때, 나는 내 주머니에 들어왔던 천 원짜리 한 장을 보고 이 돈이 나에게 다시 돌아오는 이야기를 생각한 적이 있다. 이름을 써서 서금통에 넣었던 시폐가 세상을 돌고 돌고 돌고 돌아서 어른이 된 내 손에 들어오는 이야기였다. 그 돈은 순수했던 시절, 추억과 함께 떠오르는 돌멩이가 되었다. 나는 가끔, 그 돌멩이를 들어 물수제비를 띄운다. 물 위를 튕기며 저기 멀리 어디쯤에선가 가라앉은 것 같은 돌멩이가 눈을 내려 보면 또 손에 꼬옥 쥐어져 있다. 먼 훗날 머리가 하얗게 세어가는 노인이 되어도, 마음을 가슴을 울리며 튀어 오르는 그 돌이 내 눈앞에 생생할 것이다.

카드며 페이며 이체며 돈이 숫자로만 오가는 요즘에 이런 이야기에 감동하는 사람은 없을 것이다. 사실 딱히 돈이 감동이어야 할 이유는 없다. 돈이 감동이 되는 순간은 오직 내 주머니에 들어올 때뿐이다. 값을 매길 수가 없는 돈의 프리미엄, 나만 누릴 수 있는 가장 프라이빗한 돈의 가치는 돈이 돌이 될 때에 있다.

팬과 편

 이름 한 번 들어본 적 없는 유튜버나 인플루언서의 구독자, 팔로워 수가 일십백천만십만백만을 넘는다. 단순히 계산하면 대한민국 인구의 2%다. 숫자에 놀라서 나만 몰랐나 싶어 찾아본다. 그런데 이상한 말 같지만, 유명하다고 하니 유명하다고밖에 할 수 없는 사람들도 많은 것 같다. 재미도 없고 재능도 없어 보이는데 왜 이렇게 팬이 많은지 모르겠다. 자물쇠가 이중 삼중으로 달린 비밀 일기장에 지우개로 지울 수 있는 연필로 써야 했을, 팬 하나 없는 아마 불편러의 불만 글이다.

 팬의 시대이기에 가능한 일이다. 예전에 스타는 팬이 닿을 수 없는 곳에 있었다. 팬은 스타를 멀리서 바라볼 뿐이었다. 특히 연예인들은 현실에 없는 환상, 판타지였다. 팬은 스타의 끼를 즐기며 스타들의 말에 응원과 위로를 받았다. 그러나 요즘은 다르다. 팬의 시대에는 팬이 스타를 위로한다. 팬이 스타를 즐겁게 하고 기쁘게 한다. 본방 시청, 행사

참여는 기본이고 좋아요, 댓글, 구독, 알림 설정은 당연하고 팬아트, 팬 영상을 제작하고 생일 광고, 생일 카페, 커피차 이벤트, 기부와 후원 등 다양한 방식으로 스타를 응원한다. 스타와 함께하는 이야기를 만드는 것도 팬이고, 스타에게 없었던 이미지를 만드는 것도 팬이다. 이런 팬의 시대에서는 평범한 사람도 스타가 될 수 있다. 늦은 밤 올린 사진 한 장, 쇼츠 하나에 팬이 생기면 하루아침에 스타가 된다. 너도 나도 쟤도 걔도 개도 소도 팬이 있다. 바야흐로, 팬의 시대다.

이와 비슷한 시기에 나타난 현상에 편이 있다. 논란이나 이슈인 사안이 찬성-반대, 공감-비공감, 좋아요-싫어요 두 개의 편으로만 판단된다. 문장 속 단어 하나, 한 장의 이미지, 짧게 편집된 동영상으로 편이 정해진다. 편을 묻는 검증과 인증, 사실 확인과 반박이 이어진다. 특히 정치에서는 단 한 번의 표현으로 네 편 내 편 좌우되는 일이 더욱 잦아졌다. 생각의 대립과 갈등이 심해진 데에는 이념과 주장이 양극으로 치우친 이유도 있겠지만, 편으로 불리는 두 영역이 예전보다 넓어진 탓도 크겠다. 중립이었던 회색지대가 줄어 한쪽 편만 들지 않았던 사람들도 양분하는 선 하나로 어느 한편에 서게 된 것이다.

누구의 팬이든 어느 편이든 한쪽으로 끌리는 마음이 있다. 그 마음이 커질수록 상대를 미워하고 멀리하는 마음도 커지는 경우가 많다. 연예계에서, 스포츠에서, 정치에서, 주변에서 그동안 라이벌을 폄훼하거나 악의적으로 괴롭히는 행위들이 많이 있었다. 상대가 막연히 미울 수도 있고, 나와 다름이 싫을 수도 있다. 하지만 누구의 팬이냐 어느 편이냐보다 중요한 것은 우리 모두 같은 판에서, 한 판을 살아가고 있다는 사실이다.

"○○아, 살기 좋은 세상 만들어 줄게." 팬들 덕분에 세상이 살기 좋아진다. 편을 응원하여 만드는 좋은 세상은 다른 편을 아우르고 그들과도 잘 어울리는 게 아닐까. 그렇게 할 수 있는 우리 편이 되기를 바란다. 그리고 비밀이 있는데, 사실 나는 너의 편이다.

hello, world!

　이세돌은 바둑을 두었지만 알파고는 바둑을 두지 않았다. 이세돌은 알파고와 복기할 수 없었고, 대화도 할 수 없었다. 코딩을 배우기로 한 건 둘의 바둑 시합 때문이었다. 인간과 기계의 세기의 대결은 내가 매일 켜고 하는 컴퓨터를 다시 보게 되는 계기가 되었다. 앞으로 인공지능의 세상이 올 것이니, 조금이라도 일찍 코딩을 배워두는 게 좋겠다는 생각이 있었다. 평생을 문송하게 살아온 것에 나에게 죄송한 마음이 있었다. 이세돌에게 미안하지만, 인류 대표가 겨우 한 번 이긴 바둑보다 코딩이 낫겠다는 판단이 있었다. 바둑을 배워보려고 게임을 해 봤는데 자꾸 호구로만 들어가서 관두었던 경험이 있었다.

　hello, world! 코딩에서 맨 처음 문자 출력을 배울 때 예시로 제시되는 명문이다. 열 글자로 된 두 단어와 두 문장 부호를 프린트하며 나는 굉장히 신났다. 내가 전혀 모르던,

새로운 세상으로 들어왔다는 기대와 흥분 때문이었다. 나는 처음 놀이공원에 가는 아이의 마음으로 설렜다. 반갑게 환영하는 인사말을 따라 코딩 월드로 입장했다. 헬로!

그곳은 지옥이었다. 아니라면 연옥이었다. 언어는 통하지 않았다. 흔히 프로그래밍 언어를 인간 언어에 빗대어 소개하곤 한다. 우리가 외국어를 배우듯 컴퓨터와 소통하려면 프로그래밍 언어를 배워야 한다는 것이다. 초심자를 위한 친절한 설명 같지만 이는 완전히 잘못된 비유다. 자바와 자바스크립트가 인도와 인도네시아, 또 햄과 햄스터처럼 아무 관계도 없다는 말을 농담이라고 하는 사람들의 말을 처음부터 의심했어야 했다.

한국인인 내가 외국인과 대화하는 상황을 가정해 보자. 내가 영어를 하든 외국인이 한국어를 하든 둘 중 하나가 상대의 언어를 어느 정도 알아야 할 것이다. 그런 대화에서는, 내가 개떡같이 말해도 외국인이 찰떡같이 알아들을 수 있다. 서로의 떡을 반대로 주고받는 것도 가능하다. 물론 소통이 전혀 안 될 때도 있다. 내가 아무리 호떡이라고 해도 외국인은 핫도그hot dog로 듣는다. 그러면 실물이나 사진이나 그림을 보여 주면 된다. 오가는 단어와 문장은 완벽한데 말이 전혀 통하지 않을 때도 있다. 인간의 언어란 게 원래 그렇다.

프로그래밍 언어는 이렇게 할 수 있는 언어가 아니다. 하우 아 유? - 아임 파인 땡큐, 앤드 유? - 미 투.로 이어지지 않는다. 즈드라스트부이테, 아살라무 알라이쿰 한 마디 외워 가서 쑥스럽게 건네면 씨익 웃어주는 상대의 환대를 기대할 수도 없다. 컴퓨터는 나와 말을 주고받지 않는다. 나의 언어를 배우려고 하지 않는다. 알파고가 바둑을 두지 않듯, 컴퓨터는 대화를 하지 않는다.

명령어는 그 이름대로 컴퓨터에 일을 시키기 위한 명령이다. 이 언어에 평서, 의문, 청유, 감탄은 없다. 컴퓨터는 명령문에 쓰인 단어, 기호, 숫자에 오타나 오류가 있는지 에러로 확인만 해 줄 뿐이다. 이것을 의사소통의 언어라고 할 수 있을까. 그럴 수 있다면, 소통이 안 될 땐 왜 안 돼? 모두 명령을 잘못한 또는 잘 못한 내 탓이다. 나의 경우에 대부분 소통이 안 되었다. 어쩌다가 될 때도 있었는데 그럼 곧바로 나를 의심하게 된다. 이게 왜 돼?

상태가 이러하니, 코딩 배우기는 얼마 가지 못하였다. 작심삼일로 끝났던 이유를 풀어보자면 변명을 짜는 데만 최소 2박 3일짜리 해커톤이 필요하다. 그래도 씨C 월드에 다녀온 소감을 말해보자면, 우선 내가 왜 수학을 배웠는지 알게 되었다. 코딩을 잘하기 위해 반드시 수학을 잘해야 하는 건 아니지만 기초 수학과 수학적 사고력이 어느 정도는 있어야 한다. 사실 코딩과 관련이 없더라도 논리 전개를 통한 합리적 사고는 일상생활에도 꼭 필요한 것이다. 일상의 언어생활에도 도움을 많이 받았다. 특히 일을 시키거나 부탁하거나 요청할 때, 오해할 소지가 있는 단어와 중의적 표현을 빼고 문장을 최대한 간결하게 쓰게 되었다. 명령은 완벽해야 한다. 강력하고 정확해야 한다. 효율적이고 생산적이어야 한다. 그러면서 고상하고 세련되게, 품격을 갖춰야 한다. 그 어느 문장보다도 아름다워야 한다.

"여기, 물 한 잔 주세요." 군더더기 없는 명령이었다. 그러나 알바생은 에러 메시지를 띄우며 테이블오더로 다시 하라고 했다. 내가 어리벙벙 메뉴를 찾아 누르는 동안 알바생은 자리에 가만히 서 있다가 내 주문을 벨 소리로 확인하고 나서야 물을 가져다주었다. 오호통재라! 물 한 잔마저 사람이 아닌 기계를 통해야 하는 세상이 되었구나.

갑자기, 알파고의 손이었던 아자 황은 바둑돌을 놓으며 무슨 생각을 했을까 궁금해졌다. 내가 그였다면 생각은 무슨 생각, 그냥 했겠지. 언어를 사용하는 소통으로 인간이 살아 있다는 관점에서 보면, 그런 나는 살아 있는지 모르는 삶이다. 완생을 이루었던 인간은 다시, 미생으로 간다.

직업

 '직업이 너를 바꾸어 놓게 하지 말고 너의 본성으로 직업을 완성하라.' 어디에서 봤는지 누가 한 말인지 모르는 이 말을 나는 띠에 써서 측두엽 안쪽에 살고 있는 해마의 이마에 둘러놓았다. 이십 대의 일이니, 오래전 일이다.

 직업이 있으면, 그 직업의 시야로만 세상을 보게 된다. 물론 그 안에서도 탁월한 실력과 통찰력을 보여 주는 사람도 있지만, 자기 이해만 계산하고 세상의 다양한 입장과 차이를 애써 이해하려고 하지 않는 사람이 생각보다 많다. 문장이 경고하는 것과 같이, 나는 자기 직업에 매몰되어 바뀌어 버린 사람을 여럿 봤다. 누구는 최소한의 자존심도 없이 자기는 망가져도 조직과 집단은 망하면 안 된다고 했고, 누구는 대단한 전문가인 척 직업을 내세워 구라나 사기를 치며 자기 것 챙기기에만 급급했다. 멋지다고 생각해서 잠시나마 꿈꾸었던 직업인도 막상 만나보면 평범한 직장인조차 못 되는 사람이 생각보다 많았다.

직업이 있으면 보통, 회사에 다니게 된다. 회사에서는 온갖 일들이 일어난다. 질투의 손가락질, 질책의 삿대질, 밥줄이 인질, 그걸로 목줄 채우는 정치질, 명분 없는 성질, 경쟁에 따르는 경질, 이 가는 이간질, 발 가는 김에 발길질, OFF 없는 신경질, 불났는데 뒷짐진 선비질, 양질의 갑질, 을들의 패악질, 참 부질없는 삽질과 걸레질, 할 줄 아는 건 젓가락질과 양치질, … 짠하게 질질대던 나의 경험도 있고, 친구들 동료들 지인들이 겪었던 일도 있고, 뉴스 사회면에 나왔던 회사들의 이야기이기도 하다. 결국 나는 금방 무리에서 빠졌다. 퇴사의 이유를 쓰자면 책 한 권으로 모자라겠지만 결국 저 말, 저 말 때문이었다. 직업이 나를 바꾸지 못하게 하는 것, 나는 그 안에서 그걸 못한 것이다.

직업이 없으면 지갑이 얇다. 언젠가부터 이 말은 농담으로도 먹히지 않게 되었다. 퇴사를 하니 회사에서 잘릴 걱정이 없어졌다는 어떤 이의 말에 나는 공감하여 피식 웃었지만, 그와 나 말고 아무도 웃지 않았다. 나중에 알고 보니 그때 참석한 대부분이 퇴직자들이었다. 직업이 없으면 직함이 없다. 나이 찬 어른의 이름을 부르는 것을 무례하다고 여긴 풍습 때문인지 우리 문화에서는 성이나 이름 뒤에 꼭 직함을 붙인다. 그래서 직업이 없으면 지갑도 직함도 불리지 못하니 사람이 불안해신다. 시금에야 나는 인형에 눈

알 붙이듯 천지에 널린 단어를 모아다가 음운을 붙여보며 작가로 불리고 있지만, 이 일과 이름으로 내가 정의되고 나를 소개하는 것이 늘 의문이다. 나에게 직업이 커다란 의미였던 적은 없다. 갖기 위해 나름으로 노력했지만 삶의 일부일 뿐, 전부인 적은 없었다. 나는 내 날과 내 일의 많은 부분을 직업에 쓰고 싶지 않다. 그래서 언제든 그만두더라도 아쉽지 않을 형편과 마음으로 일을 유지하고 있다. 유효기간이 만료된 카드는 크레디트든 비즈니스든 바로 잘게 잘게 잘게 잘라 버려 버릴 것이다.

인류의 긴 역사에서 인간이 직업을 갖게 된 것은 아주 최근의 일이다. 불과 나의 조부모 세대만 해도 직업은커녕 학교에 다녔던 사람도 흔치 않았다. 할아버지는 농부가 되고 싶었던 게 아니라 어느 때에 농부라는 직업으로 분류된 것이다. 학교 문턱만 바라보다가 칠순 팔순이 넘어서야 한글을 깨친 할머니들에 대해선 할 수 있는 말이 없다. 우리 어머니들은 대부분 집안 살림을 하며 가정주부로 살았다. 하지만 직업이 없었다는 이유로 행여 그 삶을 낮잡아 보는 천하의 바보는 없을 것이라 믿는다. 저 옛날 영국이라는 나라에서 인간이 처음으로 출퇴근을 시작했을 때, 기차를 타려다 죽거나 다치는 사람이 많았다고 한다. 그렇게 목숨을 내놓아야 할 것까지는 아니지만 오늘날 우리도 지옥철과 만원 버스, 꽉 막힌 도로에서 숨 막히는 시간을 보낸다. 예나 지금이나 출퇴근은 엄청난 용기와 끈기가 필요한 일이다. 나는 매일매일 출퇴근하는 사람들을 진심으로 존경한다. 그 일을 일주일에 육일을 했던 우리 아버지들에게 경의를 표한다.

짧은 내 인생의 역사에서도 꽤 많은 직업이 생기고 없어졌다. 개인의 직업은 수명이 짧아졌다. 기업의 수명이 짧아진 영향이 크겠다. 1950년대 60년이던 우리나라 기업의 평균 수명이 최근에는 10년을 겨우 넘는다. 이태백 삼팔선 사오정 오륙도, 한때 정년이 보장되는 공무원에 꿈이 밀린 이유다. 일자리가 없으니 이런저런 일거리를 만들었지만, 사람들은 일 없이 거리로 내몰렸다. 경쟁이 심해지니 노력이 아닌 노오력도 아닌 노오오오오오오력을 해야 했고, 지친 청년들은 3포 5포 7포 9포를 하기 시작했다. 이제 사람들은 투잡 쓰리잡 N잡을 뛴다. 요즘은 취업을 해도 결국 최종 직업은 유튜버. 이제 창업의 꿈은 세계적 기업이 되거나 세상에 없던 업을 만드는 게 아니라 대기업에 인수당하거나 대주주가 되는 것이다. 조물주 위에 건물주가 산다는 세상에서 자기 노동력의 가치나 생산성을 높이려 노력하는 사람은 별로 없다. 학교에서 배운 것으로 평생 먹고 살 수 있는 일은 없고, 지금 하고 있는 일을 평생의 업으로 삼으려는 사람도 없다. 이제 사람들은 직업이 있어도 불안해한다. 웬만한 직업으로는 미래를 기대할 수 없으니 몇몇 고연봉의 직업과 직장으로 똑똑한 꿈이 몰리고, 똘똘한 집 한 채로 고액의 돈이 몰린다. 소액의 돈은 로또로, 기금은 마를 날이 없다. 불아 솟아라 불아 솟아라, 손에 초를 들고 기도를 올린다. 따따따 진짜로 불기둥이 뿜으면 당장 자기를 해고하고 불에 올라타 스스로 불이 된다. 직업 없이 불로 장생하는 신인류, 파이어족의 등장이다. 한탕에 열광하는 모습에 혀를 끌끌 차며 은근히 그들의 허탕을 기다리던 사람도 돌아서서는 하, 자기 신세를 한탄한다. 인간 수명은 계속 늘어나 살날만 많아진다. 이 긴 삶은 무엇이 됐든 한 방 없이 직업만으로 이루는 것이 거의 불가능하게 됐다.

내가 할아버지 또래였다면 직업에 대해 생각하지 않아도 됐을 것이다. 땅 갈고 밭매고 먹고 사는 게 인생인 줄 알았을 것이다. 내가 아버지 친구였다면 직업에 대해 덜 고민했을 것이다. 열심히 하면 그래도 직업을 가질 수 있었고, 성실히 일하며 정년까지 다녔을 것이다. 그러나 나는 두 분과 달랐고, 내 후배들은 나와 다르다. 불과 두세 세대 만에 이렇게 된 걸 보면 애초에 직업이란 것도 뭐 대단한 게 아니다. 노력했지만 원했던 직업을 가진 사람은 거의 없다. 그래서 그냥 적당히 월급 잘 나오는 데서 일하면 된단다. 왜 그렇게까지 열심히 준비했는지 후회된단다. 겨우 이력서에 한 줄 쓸 거 만들 시간에, 꿈이며 진로며 찾을 시간에 도로나 철로가 휠 땅이나 꾸러 다닐 걸 후회한단다. 돈만 있으면 일은 안 해도 되고, 안 하고 싶단다. 직업 같은 거 없어도 된단다. 이런 걸 보면 사회와 시대와 교육이 부여한 인간의 쓰임이나 쓸모도 근본적으로는 허상이다. 사실 아주 오래전부터 인간의 일을 동물들과 인간도 아니었던 인간들이 해왔고, 근래에는 방직기가 경운기가 컴퓨터가 하고 있다. 앞으로 인공지능과 로봇이 본격적으로 활용되면 직업의 모양은 또 한바탕 두세바탕 크게 달라질 것이다.

오직 인간만이 할 수 있다던 창작이며 예술에도 그동안 너무 많은 박수를 쳐 주었던 게 아닌가 싶다. 채찍과 PT로 훈련을 받은 인공지능이 주륵 주르륵 스크롤을 만들며 쏟아내는 글자들을 보고 있으면, 수십 수백 번 고르고 고친 이 문장과 내 생각과 노동에 가치라고 할 게 있기는 한 건지 모르겠다. 지브리 스타일로 프사를 바꾸듯 내가 유명하다면 사람들이 내 글의 스타일을 따라 하는 게 가치가 될 수 있겠지만, 스타일러에 돌려도 좀처럼 구김이 펴지지 않는 이런 글에 스타일이랄 건 장평과 자간이 자동으로 조절되며 구겼던 글자를 펴는 단락 스다일밖에 없다.

코미디언, 국회의원, 패션모델, 소믈리에, 엔지니어, 외과의사, 수구선수, 고고학자, 대장장이, 발레리노, 트럼페터. 살면서 한 번도 꿈꿔본 적 없는 직업을 일부러 써본다. 심지어 어느 것은 어릴 때 들어본 적도 없지만 어쩌면 이 중에서 내 적성과 성정에 꼭 맞는 직업이 있었을지도 모른다. 직업은 자기가 선택할 수 있는 것 같지만 사실 전혀 그렇지 않다. 공부를 잘했든 못했든 특출난 재능이 있든 없든 자기가 직업을 고를 수 있는 사람은 정말로 거의 없다.

이제 와, 나의 본성으로 완성할 수 있는 직업이 무엇이었을지 생각해 본다. 어찌어찌 글을 쓰고 있지만 작가가 내 본성에 맞는 일인지는 잘 모르겠다. 쳇, 이제 이런 것도 GPT에 물어봐야 한다. 도리어 그렇게 하고 싶지 않았던 공무원이나 군인을 했으면 잘했을 것 같다는 생각이다. 나는 반복적인 일을 꽤 안정적으로 잘 꾸린다. 일찍이 종교를 접해 승려나 신부가 되었어도 좋았을 것이다. 돈을 버는 직업은 아니지만 소박함을 추구하는 나의 가치관과 생활 방식에 가장 어울리는 일이다. 민머리도 꽤 잘 어울릴 것 같아서 아내에게 이야기를 했더니 출가가 안 된단다. 고난을 겪은 어느 정치인의 이야기를 듣더니 갑자기 출마가 안 된단다. 그래서는 아니겠지만 그래서 출판을 하고 있다.

위인

 어릴 적에 위인전을 많이 읽었다. 부모님이었는지 선생님이었는지 어느 어른이 나에게 위인은 큰일을 하는 사람이라고 말해주었다. 그 말을 듣고 나중에 커서 꼭 큰일을 하는 사람이 되겠다고 다짐했다.

 자라서 보니 큰일이란 게 따로 있긴 했지만, 대부분은 작은 일들을 더해 놓은 큰 일일 뿐이었다. 길지 않은 동안이지만 나는 정말로 큰일을 하는 사람과 회사 생활을 했고, 자기가 큰일을 한다는 사람과 사회생활을 했다. 그들 옆에 있으면서 나는, 그들의 큰일에 엮이면 나만 큰일 난다는 걸 확실히 절실히 깨달았다.
 물론 둘의 차이는 컸다. 자기가 큰일을 한다는 사람은 작은 일들을 전부 다른 사람에게 넘겼다. 그는 자기 일도 작은 것이라면 하찮게 귀찮게 여겼다. 예를 들어, 자기가 앉았던 의자를 정리하거나 마신 물컵을 치우는 일 같은 건

하지 않았다. 아마 그는 누가 화장실도 대신 가 줄 수 있다고 하면 작은 일은 보러 가지 않았을 것이다. 그는 일을 벌이고 떠벌리기 좋아했다. 주변에서는 그런 그를 그릇이 크다며 치켜세웠지만, 다 작은 일을 하지 않으려는 이들끼리 치고 주고 받는 큰소리일 뿐이었다. 당연하게도, 당시 작은 일을 했던 나는 그들의 관심 대상이 아니었다.

정말로 큰일을 하는 사람은 달랐다. 그의 옆에 있으면 할 일이 끊이지 않았다. 미칠 것 같았다. 하지만 돌이켜보면 그건 역량이 안 되는 나의 문제였지 일이 문제는 아니었다. 그는 자기가 하는 일의 크기를 따지지 않았고, 작은 일을 하던 나도 잘 챙겼다. '큰일을 하는 분은 대범하다는 말은 둔한 머리의 소유자가 뱃심으로 해 나간다는 말이다. 지도자일수록 과학적 정확성과 예술적 정서를 가져야 한다.' 피천득 선생이 안창호 선생을 만나고 와서 쓴 글이다. 인스타에 올리셨다면 좋아요를 누르고 유튜브에 나와서 말씀하셨다면 당장 구독할 것이다.

큰일을 하는 사람은 큰일을 할 줄 아는 사람이다. 그런 사람은 전체와 부분을 동시에 세심하게 살핀다. 각 부분과 그 합으로 이루어지는 전부, 합 이상의 전체를 상상한다. 그런 사람 중에서 시대의 위인이 나오는 것이다. 위인의 위偉 자에는 가죽 위韋가 있다. 책을 묶은 가죽끈이 세 번이나 끊어질 정도로 독서를 많이 했다는 내용의 사자성어 위편삼절韋編三絕에 쓰인 글자다. 가죽을 만드는 일은 고되다. 체력적으로 힘이 드는 것은 물론이고 작업 현장에서는 지독한 냄새가 내내 코를 찌른다. 가죽의 종류에는 털이 붙어 있는 피皮, 벗겨서 말린 혁革이 있다. 위韋는 한 단계 더 나아가 매만져서 부드럽게 한 가죽이다. 이런 무두질을 통해 우리가 잘 아는 명품 가방이 만들어지듯이, 위인은 지난한 고난의 과정을 담담한 열정으로 헤쳐내 온 결과로 탄생한다. 아무리 즐거워서 하는 독서라고 해도 끈이 세 번이나 끊어질 정도로 책을 읽는 것은 가죽을 만드는 일에 버금가는, 힘들고 어려운 일일 것이다.

호랑이는 죽어서 가죽을 남기고 사람은 죽어서 이름을 남긴다고 하니, 먼 옛날 호랑이를 사냥해 가죽으로 옷을 만들던 장면을 그려본다. 자기가 큰일을 한다는 사람은 모든 일을 남에게 시키고 가죽옷에 자기 이름을 새기는 것에만 관심이 있다. 반면에, 정말로 큰일을 하는 사람은 자기 목숨을 걸고 사냥에 함께한다. 가죽 만드는 일을 처음부터 끝까지 들여다본다. 옷이 만들어지면 어떻게 쓰이는 게 가장 좋을지 따져보고, 자기 이름을 쓰더라도 그에 걸맞은 책임을 진다. 그런 위인은 죽어서 가죽이 되어 준 호랑이에게도 감사할 줄 안다.

유발 하라리는 '역사란 다른 모든 사람이 땅을 갈고 물을 운반하는 동안 극소수의 사람이 해온 무엇이다'라고 했다. 동의하고 공감한다는 댓글을 열 개, 백 개는 달고 싶다. 역사에 이름을 남긴 위인들, 큰일을 하는 사람 하나를 위해 주변의 수많은 사람들이 이름 없이 작은 일을 하고 있다. 하지만 꼭 큰일을 하는 사람만 위인이 될 수 있는 건 아니다. 세상에는 일의 크기와 상관없이 자기 일을 큰일처럼 하는 위인들이 많다. 그리고 눈에 잘 띄지 않고 이야기가 들리지 않을 뿐, 땅을 갈고 물을 운반하는 이들을 응원하는 사람들도 많다. 나는 그런 마음과 행동을 위인慰人으로 부르고 싶다.

어쨌든 호되게 큰일을 당했던 나는 그 후로 큰일을 하거나 한다는 사람을 만나면 그와 엮일까 일찌감치 피해 다닌다. 그리고 괜히 큰일을 한답시고 주변 사람들을 괴롭히며 살지 않겠다고 다짐했다.

정치민

사람들은 정치인을 쉽게 욕한다. 맨날 싸우기만 한다고, 꼴도 보기 싫다고 한다. 경제인, 종교인, 예술인, 체육인, 과학인, 언론인, 연예인, 법조인, 군인, … 다른 분야의 사람들은 자기가 한 말이나 행동으로 잘잘못을 평가받지만 그 일을 한다는 것만으로 욕부터 먹는 사람은 정치인이 유일하다. 물론 정치인들이 정장을 입고 땡깡을 부리는 걸 보고 있으면 하, 욕을 안 하려야 안 할 수 없기는 하다.

오늘날, 정치는 권력을 얻기 위해 또 잃지 않기 위해 하는 모든 행위로 정의된다. 민주제에서 권력은 보통, 선거를 통해 많은 지지를 얻은 사람에게 주어진다. 정치인들은 하나의 자리를 두고 여러 명의 상대와 경쟁한다. 이 과정에서 싸움과 다툼이 생기는 건 인간사의 너무나 자연스러운 모습이다.

정치인은 싸우지 말아야 하는 게 아니라 잘 싸워야 한다. 정치인들이 정장을 입고 다녀서 점잖은 사람들로 보이겠지만 사실 그들은 전장의 전사들이다. 그들은 사방으로 달아날 수 없는 사각 링에 오른다. 뒤로 더 물러설 수 없는 피스트에 오른다. 상대에게 꽉 붙들려 떨어질 수 없는 모래판에 오른다. 당장이라도 피 튀기는 한판 승부가 펼쳐질 것 같다. 하지만 그들은 가드는 해도 공격을 할 수 없다. 갸르드는 해도 아따끄를 할 수 없다. 샅바를 잡고 있어도 치기며 걸기며 던지기며 기술을 부릴 수 없다. 이 경기들은 입복싱, 입펜싱, 입씨름이다. 정치인들의 싸움은 주먹 칼 몸이 아닌 말싸움이고, 정확히는 생각의 다툼이다. 민주제와 선거는 자칫 피로 물들 세상을 표로 만들기로 한 약속으로, 피를 토하는 심정으로 말할 뿐 누구도 진짜로 피를 토해서는 안 된다. 물론 동물 국회에서 보듯 때로 물리적 싸움이 일어나기도 하지만, 그렇게 인간이 탈을 벗고 말을 벗고 짐승처럼 으르렁대는 싸움이 벌어질 수 있기에 오히려 생각을 다투고 말로 싸우는 정치가 필요한 것이다.

   배경을 축구장으로 바꾸면 정치인은 축구 선수다. 선수들은 상대의 공을 가로채서 골을 넣어야 한다. 정치인들에게 제발 좀 싸우지 말라고 하는 것은 축구 선수들에게 제발 좀 공을 뺏지 말라고 하는 것과 같다. 그런 일이 실제로 일어난다면 그라운드에 규칙 이외의 다른 힘이 작용하고 있는 것이다. 선수들은 아무리 경쟁자가 싫다고 하더라도 상대 선수가 다치지 않게 쿵후 축구를 하지 말아야 한다. 페어플레이 정신을 지키며 침대 축구를 하지 말아야 한다. 전술 천략도 없이 공만 차는 뻥 축구를 하지 말아야 한다. 이렇게 선수들이 최선을 다할 때 경기가 제대로 진행되고, 축구가 재미있어진다. 이긴 팀은 승리에 마음껏 기뻐할 수 있고, 진 팀은 패배에 기꺼이 승복할 수 있다. 상대를 인정하며 악수하고, 서로에게 박수를 보낼 수 있다.

 이 축구도 입축구다. 정치인들은 혀로 드리블을 하고, 이로 패스를 하고, 입술로 슛을 한다. 패스드리블드리블슛드리블패스패스슛! 막상 상상해 보니, 좀 웃기기는 하다. 실제로 그들은 어쩔티비에 저쩔티비로 받아치는 어느 코미디 프로그램처럼, 하등 쓸데없는 말만 주절주절 늘어놓는다. 유효 슈팅 하나 없이 빙빙 공만 돌리고 질질 시간만 끌며 별 의미도 소득도 없는 점유율만 더 가지려고 한다. 하지만 때로 어느 코미디 영화처럼, X@??#!Y@@*?#N! 휜 철 기둥을 곧게 펴는 높은 공력의 말발로 신체 접촉 하나 없이 상대의 무릎을 꿇린다. 아름다운 궤적을 그리며 망을 출렁이는 원더골 같다. 종료 휘슬이 얼마 안 남은 시간대라면 승리를 가져오는 극장골이다. 그 한 골을 넣기 위해, 정치인들은 수많은 사람들과 단체들의 이름을 전화번호부 외듯 왼다. 연설문이며 공약의 내용을 자기 것은 물론 상대 것까지 연극 대사 외듯 왼다. 매일매일 사건과 사고로 새로 쌓이고 다시 쓰이는 역사를 교과서 외듯 왼다. 달달달 외워 기억해 두었던 것들이 그대로, 그들의 입에서 줄줄줄 술술술 나온다.

계속 축구로 비유하면 보통 사람들, 국민은 관중이다. 관중은 자기 마음이 가는 팀을 응원한다. 때로 상대 팀을 야유하고 비난한다. 잘못된 판정, 미흡한 운영, 경기장 사고에 대해 비판하고 기울어진 운동장을 바로잡을 것을 요구한다. 하지만 혐오 발언, 물건 투척, 기물 파손 등 관중에게도 하지 말아야 할 금지 규정이 있다. 여기까지 고개를 끄덕였다면, 정치인에게 싸우지 말라고 하는 말이 그 자체로 틀렸다는 걸 알 것이다. 공 다툼조차 싸움 같아 보기 싫다면 경기장 밖으로 나가면 된다. 하지만 출구는 바로 옆에 붙어 있는 다른 경기장 입구로 연결된다. 세상은 이미 1부 리그부터 수많은 하부 리그 경기가 계속 열리고 있는 축구장이다. 지금 이 순간에도 동네방네 전 세계 곳곳에서 삼삼오오 백천만억 사람들이 모여 입축구를 하고 있다. 정치가 없는 곳은 어디에도 없다는 이야기다.

우리나라에서 지역구 국회의원이 되려면 1만 중반에서 10만 초반의 표를 얻어야 한다. 정치인의 얼굴에는 적어도 그가 득표한 수만큼의 얼굴들이 보인다. 피곤, 단정, 거만, 중후, 교활, 강인, 독선, 소통, 냉정, 온화, 완고, 표독, 강직, 권위, …. 내가 뽑은 정치인의 얼굴이 어떠한가. 욕심이 그득해 보이거나 하, 쪽팔리다면 거울을 들어 그를 뽑은 내 얼굴과 손가락을 들여다봐야 할 것이다. 만약 정치인의 얼굴이 밝고 맑다면 그가 곧 나를 비추는 거울이겠다. 그러나 그럴 가능성은 제로에 가깝다.

정치인에게는 적어도 그가 출마했던 선거에 투표한 수만큼의 바람이 모인다. 여윈 여망, 익은 열망, 옳은 욕망, 해진 희망, 잠든 전망, 잘된 절망, 쉬운 실망, 서툰 소망, 삿된 선망, 벼른 비망, 느린 낙망, 그른 관망, 이른 유망, 여린 원망, 야윈 야망, …. 바람이 하는 일은 무궁무진하다. 바람은 하늘을 그리고, 바다를 가른다. 구름을 몰아 해를 내밀고, 구름을 물어 비를 내린다. 소리를 나르고, 냄새를 날리고, 색을 노래한다. 바람에 살이 식고, 숨이 섞인다. 바람 따라 추억이 춤춘다. 바람은 기억을 건드리고 흔적을 흔든다. 바람이 모인 곳마다 움직이는 마음이 가슴이 울린다 웃는다. 바람은 수시로 바뀐다. 바람은 자유롭다.

그러나 이는 우리들의 바람일 뿐, 수많은 바람은 절대로 산들산들 불지 않는다. 정치인 한 명에게 모인 최소 수만의 바람은 돌풍이요 질풍이요 광풍狂風이요, 태풍이다.

바람은 봄을 알리는 춘풍처럼 반가운 기대의 씨앗을 뿌리다가도, 어느새 싸늘한 추풍이 되어 말려 버린 생을 매몰차게 패대기친다. 바람은 순풍처럼 희망의 연과 희망에 찬 배를 띄우지만, 순식간에 역풍으로 뒤집혀 연줄을 헝클고 배를 엎는다. 바람은 이천 년 전 남동풍처럼 방향을 바꾸어 전쟁의 향방을 바꾸기도 하지만, 한겨울의 북서풍은 불어오는 곳과 때를 알고 맞아도 죽도록 차고 시리고 매섭다. 바람은 살랑살랑 소풍처럼 마음을 꾄다. 설레게 들뜨게 부풀게 꾄다. 하지만 그 유혹의 끝은 언제나 폭풍이다. 신이 나서 끌던 선풍적 인기도, 거세게 강타하던 열풍도 눈 한 번 깜빡하는 순식간에 언제 불었냐는 듯 사그라지고 없다. 우리들의 바람이 그러하다.

    그 예측 불가능한 거대한 미친 바람의 한가운데, 태풍의 눈 안에 정치인이 있다. 바람은 수시로 바뀐다. 그러나 자유롭지 않다. 정치인이 그 바람을 몰고 다니는 것 같지만, 사실 바람이 어디로 가는지 그도 모른다. 그저 바람에 이리저리 끌려다닐 뿐이다. 그래서 정치인들은 대개 위풍당당하지 못하다. 그래서 그들의 말은 원페어도 없으면서 스티플을 든 양, 땡은커녕 한 끗으로 뻥카 치는 허풍이 대부분이다. 심지어 바람이 전혀 모이지 않는 무풍도 있고, 태양풍처럼 이름만 바람인 척히는 가짜노 있다. 그러니 기적 같은 일 ㄱ 같은 일 ㅈ 같은 일 다 사실은 정치인이 한 게 아니다. 하루 만에 태산을 깎아 가루로 만든 것, 바가지로 바닷물을 길어다 마른 호수를 가득 채운 것, 하늘이 내렸다는 자손을 끌어내려 목을 친 것, 가난한 눈을 찾아 태양으로 빛낸 것, 모두 바람이 한 일이다. 모인 마음이 하는 일이다.

왈가왈부 시야비야. 입이 말이 마음이 바람이 모이니 정치는 시끌시끌 시끄럽다. 그러나 이야말로 정치가 있고, 안정되어 있다는 뜻이다. 정치가 없는 곳에서는 한 사람만 말하고 모두가 입을 다문다. 기침 소리를 들킬세라 숨을 참고 있는 이들의 마음속에서만 휘휘 회오리바람이 분다. 정치인들이 싸우지 않기를 원한다면 그런 나라로 바꾸면 된다. 하지만 오늘날 무늬로라도 민주제가 보장되지 않는 곳에서는 사회 안정과 평화, 문화와 예술, 자유와 자본시장 그 어느 것도 제대로 기능하지 못한다. 휘이이이이이이잉 바람 소리가 듣기 싫다면 집으로 들어가 창문을 이중 삼중으로 닫으면 된다. 하지만 그렇게 바람을 외면한다면 결국 정치인은 그에게 모이는 바람 중 힘이 센 것에 좌지우지되거나, 주어진 권한을 공인이 아닌 사인으로서 자기 개인의 바람을 이루는 데만 쓰려고 할 것이다. 정치는 종합예술이라고도 하는데, 그런 욕慾의 바람만 지나간 자리에는 예술이랍시고 예쁜 적도 없었던 쓰레기만 세트로 나뒹굴고 있을 것이다. 그제야 실컷 욕을 해 봤자 아무 소용이 없다. 혹시 평생 창문을 닫고 살 수 있다면 그리 살아도 된다. 하지만 곧 집안 구석구석에서 회오리가 돌아다닐 것이다. 바람이 되지 않는 마음은 없다는 이야기다.

공자대왈 정자정야政者, 正也. 정치란 바로잡는 것, 바르게 하는 것이라 했다. 맞는 말이지만, 왕과 귀족 몇몇 사람만 소수의 정치를 하던 시대의 말을 현대 정치에 그대로 요구하는 것은 맞지 않다. 정치인은 혼자서 세상을 바로잡는 영웅이 아니다. 세상을 구하러 온 구세주가 아니다. 한 나라에서 가장 많은 바람이 모이는 대통령은 킹도 왕도 짱도 아니다. 그가 무엇을 하리라 기대할 수는 있지만 그도 대단한 무엇이 아닌 한 개인일 뿐이다. 정치에는 전문가가 없다. 매일매일의 현실, 순간순간의 현장, 시시때때로 수시로 바뀌는 바람과 바람들의 싸움에 전문가란 있을 수 없다. 정치인에게 필요한 자질을 굳이 꼽아 보라면 바람을 잘 따르는 것, 잘 달래는 것이다. 이 외에 정치인이 바람을 다룰 수 있는 일은 없다. 이 두 가지를 잘하는 정치인에게 사람들이 모인다. 그들은 기꺼이 병풍이 되어 경쟁자의 바람으로부터 지지하는 정치인을 지키려 할 것이고, 틈새로 파고드는 바람을 막는 방풍의 역할을 자처할 것이다.

전 세계적으로 민주제가 위기를 맞고 있다. 민주제가 그동안 모든 사람이 정치에 참여할 수 있게 싸워 온 피지배층의 투쟁이라면, 근래의 상황은 권력을 조금씩 빼앗겨 온 지배층의 투정이겠다. 최근에 우리나라도 큰 어려움을 겪었지만, 민주적 절차를 통해 극복해 내었다. 눈물 흘리는 민民의 기쁨이요, 어느 색깔도 아닌 흰옷을 입은 민의 승리다. 여전히 해야 할 일이 많고 가야 할 길이 거친 건, 그간 어둠 속에서 은밀히 진행되어 온 일들에 빛이 비쳐 바로잡아야 할 것들이 드러났기 때문이라고 본다.

정자정야, 바로잡는 주어는 소수가 아니라 복수다. 지금 이 오늘들을 지나며 대의에서 직접으로 향하는 민주제는 우리나라, 대한민국에서 제일 먼저 쓰일 것이다. 지금껏 그래왔듯 역사는 특별한 기적을 기다리지 않는, 어둠 속에서 희미한 빛을 쫓아가는 정치민들이 써 내려갈 것이다.

자유

살다 보면, 나를 찾아오는 단어가 있다. 내게는 자유가 그런 단어다.

오래전 어느 날, 신문에서 니코스 카잔차키스의 묘비명을 읽었다. 마지막 문장인 '나는 자유다'에 꽂혀서, 단지 멋있다는 생각에 그 세 줄을 일기장에 옮겨 놓았다. 자신을 자유라고 당당하게 말할 수 있는 사람은 어떤 사람일까 궁금해서 〈그리스인 조르바〉를 읽었다. 책의 내용이나 당시의 감상이 잘 기억나진 않지만 조르바가 걸걸하게 말하는 모습이 기억에 남아 있다.

찾아보니, 카잔차키스는 70대 중반에 세상을 떴다. 그는 말년에 자기에게 십 년만 더 시간을 달라고 기도했다고 한다. 그가 어떻게 살았는지 어떤 상황에서 그런 말을 했는지 모르지만 묘비명의 문장과는 다르게 그도 원하는 것이 있었고, 두려워하는 것이 있었던 것 같다. 다만 자기 나름의 꿈과 열정, 또 호탕한 성격으로 평생을 살지 않았을까.

그가 쓴 자유가 내 인생을 바꿀 정도로 큰 영향을 주지는 않았지만 내 아름다운 청춘의 한 장 한 장에, 다시 넘겨볼 수 있는 한 페이지 한 페이지에 그 다섯 글자를 여러 번 써 내려갔던 건 사실이다.

    퇴사를 했다. 마지막 날 사장님과 식사를 했다. 그때 무슨 이야기를 나눴는지 거의 기억나진 않지만 하나는 정확히 기억에 남아 있다. 사장님은 내게 무엇을 갖고 싶냐고 물어보셨고 나는 '자유'라고 답했다. 나도 모르게 그냥 툭, 튀어나온 단어였다. 사장님은 '자유는 보고 느끼는 능력'이라고 건네주셨다. 나는 내 시간과 공간을 회사에 구속받고 싶지 않았다. 나인 투 식스를 하지 않는 것만으로 자유가 될 거라고, 생각했다. 그러나 자유가 상태를 말하는 게 아니라는 걸 창살이 열린 날 알게 되었다.

    하늘을 나는 새에게 자유라는 말은 성립하지 않는다. 새장 속에서만 살던 새를 풀어준다면 그 새에게 자유라고 할 수 있다. 하지만 그 새가 날 수 있는 능력을 잃었고 날 의지도 없다면 자유인들 무슨 의미가 있을까. 따지고 보면 퇴사만으로 자유가 될 수는 없다. 누구도 자기, 가정, 사회, 지역, 국가, 지구, 우주의 속屬/束에서 벗어날 수 없다. 자유가 상태를 가리킨다고 하더라도, 무엇으로부터 완전한 자유는 애초에 없는 것이다.

나는 내 일기장에 '우리를 자유롭게 하지 못하는 것'이라는 제목을 달고 그 아래 '가난, 가족, …' 이라고 쓴 적이 있다. 웬만한 사람들은 이 사전 첫 페이지 'ㄱ의 가'에서만 강력한 원 투 펀치를 맞고 비틀비틀 그로기 상태가 될 것이다. 케이오를 당할 가혹한 마지막 한 방은 스트레이트도 어퍼컷도 훅도 아닌, 세상에서 제일 느린 아다지시모 잽이다. 그 가볍고 가벼운 주먹은 위 두 단어 외에 각자가 생각하는, 또는 경험했던 무엇이어도 된다.

하지만 입술이 터지고 코피가 터지고 눈 귀가 터지고 얼굴이 쥐어 터져도, 보고 느낄 수 있으면 자유다. 글러브를 끼고 링 위에 오를 자격이 있다면, 상대가 누구라도 덤벼 볼 각오가 됐다면, 자유다. 그런 사람은 좁은 사각을 우주처럼 누빈다. 감옥에 갇히면 창살을 햇살로 보고 자기를 가꾼다. 호랑이에게 잡혀가도 정신 차려 호랑이보다 대범하다. 그래 범 무서운 줄 모르다가 죽으면 뭐 어쩔 수 없지만, 다음 생에 소로 태어나도 콧구멍 없는 소가 될 것이다. 나는 자유다.

아직 다음번 자유는 나를 찾아오지 않았다. 세 번째는 아니 찾아와도 좋을 것이다.

i

나는 게임을 못한다. 특히 팀을 이뤄서 하는 실시간 전략 게임은 젬병이다. 저 옛날 스타크래프트란 게임이 유행해서 친구들과 PC방에 갔다. 데덴찌! 3:3으로 편을 나눴다.

나는 게임을 못한다. 캐릭터 이름이 자꾸만 헷갈렸다. 종족의 능력과 특성도 잘 몰라서 엉뚱한 시설을 짓거나 필요 없는 업그레이드에 자원을 썼다. 같은 편 친구들은 나에게 콘트롤을 요구했지만, 콘트롤 CV로 SCV를 만들려고 하는 수준인 나에게는 무리였다.

나는 -1의 전력이었다. 하나 도움이 안 되는 0이어도 불리해지는 판에 같은 팀 한 명을 깎아 먹는 마이너스였으니 결과적으로 1:3으로 게임을 한 꼴이었다. 친구들은 이 정도로 못할 줄 몰랐다며 혀를 내둘렀고, 기억이 맞다면 다음 판에는 잘하는 친구 대 나머지 2:4로 편을 나눴다. 그럼에도 경기는 2:2처럼 치열했다. 집에 돌아온 나는 연습을 하겠다며 결국 키보드를 두드렸다. show me the money!

사람은 자기가 잘하는 것을 좋아하게 된다. 그래서 자주 하게 되고, 그래서 더 잘하게 된다. 나는 스타트래프스? 스타뭐라뭐라 하는 거에 흥미를 잃었고, 그런 게임에서 멀어졌고, 친구들은 더 이상 나를 PC방으로 부르지 않았다. 그래서 1등을 하면 저녁으로 치킨을 먹는다는 배틀그라운드의 재미는 지금껏 소문으로만 들어 알고 있고, 오버워치며 롤이며 한 번도 해 본 적이 없다. 특히 롤처럼 다섯 명의 포지션과 역할이 정해져 있는 게임에 팀 전력을 -2로 까먹는 나 같은 사람은 낄 수가 없다. 애초에 플레이 버튼조차 누르지 않는 게, 그 협곡에 가지 않는 게 세상에 이롭다. 결국 내가 하는 게임이라곤 스포츠, 퍼즐, 뱀처럼 혼자서도 즐길 수 있는 것들뿐이다. 밖에서 장을 할 기회도, 생각도 없는 내가 애니팡 팸장은 오 년 넘게 하고 있다. lol

게임이야 안 해도 그만이지만 나는 나의 1을 해야 한다. 우주, 지구, 국가, 지역, 사회, 가정에서 나의 1을 해야 한다. 그 1을 하지 못하는 사람과 함께하려는 사람은 없다. 나의 경우처럼, 게임을 같이 하자는 사람도 없어진다.

트라우마까지는 아니지만 게임에서 심하게 덴 나는 일을 할 때 내가 마이너스가 될까 두려웠다. 나의 1을 하려면 실력이 있어야 했기에 나름으로 열심히 노력했다. 하지만 내 능력과는 전혀 무관하게 내가 마이너스가 되는 때도 있었다. 이유야 어찌 됐든 우리 팀 사람들에게 피해와 폐를 끼치는 것이 미안하고 싫었던 나는 점점 사람들과 함께 하는 일을 하지 않게 되었다. 혼자서 할 수 있는 작은 일만 하게 되었다. 그렇게 나의 1을 하는 건 꽤 괜찮았다. 내 일에 온전히 권한을 갖고 책임지면 되었다. 괜히 큰 수의 맛과 멋에 취하지 않아 좋았다. 힘의 부름을 받지 않아서, 나도 누구를 부리지 않아서 좋았다. 사람들과 잘 어울려야 한다는 의무와 의무감에 에너지를 쓰지 않아도 되어서 좋았다. 하지만 무엇보다 좋았던 것은, 혹시 내가 마이너스가 되어 함께 하는 동료의 1을 깎아 먹지 않을까 하는 걱정이 없어졌다는 것이다.

$i^1 = i$

$i^2 = -1$

$i^3 = -i$

$i^4 = 1$

...

나는 작은 아이로 살고 싶다. 작은 아이처럼 나의 1과 내 일을 하고 싶다. 작은 아이는 거듭하면 $i, -1, -i, 1$ 네 값을 차례로 반복한다. 자기만큼의 몫을 더하고 빼고, 한 사람의 일을 빼고 더한다. 이매진과 리얼, 현실과 상상을 오가며 주기적으로 자기 몫과 일을 한다. 중요한 건 손해가 아무리 커도 -1이라는 것이다. 그 마이너스는 내 일에서 생긴 것이니 오롯이 내가 감당하면 된다. $i^0 = 1$ 오히려 아무 일도 하지 않을 때 1로 존재한다는 것도 정말 마음에 드는 작은 아이다.

로마자 알파벳을 처음 배웠을 때, 나는 아이를 가장 좋아했다. 대문자보다는 소문자를 좋아했는데, 아이라고 읽고서 길게 쓰는 게 이상하고 어색했기 때문이다. 미국의 어느 시인은 나를 뜻하는 I도 늘 i로 써서 겸손함, 섬세함, 개인의 감정을 표현했다고 한다. 나는 한국어를 쓰는 한국 사람이라서 그리 쓸 일은 없지만, 그의 그런 마음이라도 따라서 작은 아이로 살고 싶은 것이다.

취미

    외국인들에게 한국어를 가르친 적이 있다. 초급반에서 '취미'라는 단어를 알려주고 학생들끼리 말하기 연습을 했다. A가 "B 씨는 취미가 무엇입니까?"라고 물으면 B가 "제 취미는 ○○입니다."라고 대답하는 식이다. 학생들은 자기 취미를 넣어서 말했고, 단어를 모르면 교재의 예시 중에서 하나를 골라 대답했다. 연습이기에 그것이 정말 자기 취미인지는 중요하지 않았고, 확인하지도 않았다.

    그렇게 순서를 돌아가고 있는데 한 학생이 "저는 취미가 없어요."라고 말했다. 예문 밖 대답에 모두가 깜짝 놀랐다. 가르치는 나는 학생의 창의에 감동하여 놀랐다. 나와는 달리, 다른 학생들은 그 내용에 충격을 받아 놀랐다. "정말 취미가 없어요?" 그들은 휘둥그레진 눈으로 뭔가 대단히 잘못됐다는 말투로 물었다. 재차 추궁했지만 그 학생은 진짜로 취미가 없다고 했다. 표정미터, 거짓말 탐지기는 진실을 가리키고 있었다.

나도 취미가 없다. 없어졌다고 하는 게 맞겠다. 한때는 여행, 음악, 사진, 그림, 수집, 운동 등등등 취미라 말할 수 있는 것들이 나름 많았다. 이력서나 자기소개서나 백문백답에 취미를 묻는 항목이 있으면 어느 걸 써야 할지 고민하기도 했었다. 이것저것 해 보고 싶어 관상이나 손금이나 팔자에도 없는 요가, 보드, 바둑, 목공, 낚시, 캠핑 등등등 기웃거렸던 적도 있다.

하지만 정말로, 지금은 취미라고 할 게 없다. 이야기만 해도 신나고 즐겁고 자주 하는 게 없다. 그렇게 된 특별한 계기는 없다. 열일하여 바빠졌거나, 돈이나 종교에 열렬히 빠지게 된 것도 아니다. 그냥 살다 보니 그렇게 된 것이다.

'취미가 없는 삶은 불행하다', '나이 들수록 취미가 있어야 한다'라고 하는데 나는 이런 말들에 동의하지 않는다. 나의 경우에는 취미가 없어져서 나빠진 게 없고, 오히려 더 행복하다고 느끼고 있다. 나는 '담배 끊는 사람과 상종도 하지 말라'라는 말이 흡연자가 같이 담배 피울 사람이 없어질까 겁이 나 사람들을 겁주려고 만든 말이라고 생각한다. 그리고 앞선 취미에 대한 말들도 이와 비슷한 의도로 만든 말이라고 생각한다. 나는 담배를 피우지 않지만, 종종 흡연하는 사람들 옆에 있어 주기도 했다. 그들과 이야기불을 피우기 위해 꼭 내 입에 담배를 물고 있지 않아도 되었다. 취미이면 취미인 대로, 아니면 아닌 대로 그때그때 어울려 지내면 될 일이다.

취미의 장점은 이미 잘 알고 있을 테니 단점만 널리 널리 알리고 싶다. 취미는 처음에는 일 자체의 재미와 흥미에서 시작된다. 그러나 결국에 그 일보다 사람을 상대하는 시간이 더 많아지게 된다. 취미가 같은 사람을 만나는 건 반가운 일이지만, 꼭 즐거운 일은 아니다. 말을 나누다 보면 오히려 취미는 달라도 취향이 같은 쪽이 통한다는 걸 알게 된다. 그리고 취미는 핑계고 결국 식사 자리, 술자리 비중이 커지는 경우가 많다. 처음부터 사람들과 어울리는 게 목적이라면 모르겠지만, 나 같은 사람은 힘들다. 사람들 틈에 끼어 십 분만 있어도 피곤한 나는 점점 취미라는 타이틀로 사람을 모으는 자리에 가지 않게 되었다. 요즘은 나 같은 사람도 할말 하는 세상이 되어서 동네 모임 회원 모집 글에 '술자리 안 함'이라고 쓰여 있는 것도 봤다. 맹세코 내가 만든 게 아니다. 거짓말 탐지기를 해 봐도 좋다.

취미는 소비를 부추긴다. 소비는 경제의 관점에서는 긍정적이지만 개인과 사회에는 부담이다. 영화가 취미이던 시절, 영화를 보는 데 쓴 돈을 보고 깜짝 놀란 적이 있다. 절대적인 금액이 크지는 않았지만, 학창 시절 용돈에 비하면 비중이 컸다. 그랬어도 극장은 안 가 본 데가 더 많았고,

비디오는 못 본 게 더 많았다. 장비가 필요한 취미는 초보 수준으로 웬만큼 갖추는 데도 비용이 만만치 않다. 그리고 분명히, 좀 하다 보면 더 좋고 비싼 장비를 쓰고 싶어진다. 물건은 비싸다고 반드시 좋은 건 아니지만 좋은 물건은 쌀 수가 없다. 활동을 꾸준히 하여 잘 사용한다면 다행이지만 금방 흥미를 잃고 그만두게 되면 그대로 먼지만 쌓여서 고물, 쓰레기도 안 된다. 버리기는 아깝고 이제 와 누구에게 주거나 중고로 파는 것도 쉽지 않다. 나도 너무너무 갖고 싶어 샀던 카메라를 한 두 번인가 쓰고는 어느 서랍에 넣어두었는지 잊어버렸다. 물건의 관점에서 보면, 취미가 없는 것은 무료한 게 아닌 무료인 삶이라 하겠다.

주위를 둘러보니 생각보다 취미가 없는 사람이 많다. 회사 일을 취미처럼 하는 사람도 있고, 살림이 취미인 사람도 있다. 사람이 취미인 사람도 있고, 남은 인생 덤이라며 사는 게 취미라는 사람도 있다. 취미로 하던 게 일이 되어 도리어 괴롭다는 사람도 봤다. 취미가 없어도 삶은 그 자체로 충만하다. 일상을 기쁘게 즐길 수 있다면 취미에 깊이 취할 필요는 없다. 어차피 이 삶도 인연을 취해 한 번 빌려 살다 가는 일이다.

옛날 사람

 천장에는 선풍기가 돌고, 한쪽에선 화투판이 벌어지고, 나는 보자기에 묶인 꼬꼬와 눈을 맞춘다. 들어는 봤을까, 통일호 기차 풍경이다. 토큰은 알려나, 마그네틱 승차권은 써 봤나, 내비게이션이 웬 말이냐, 나는 뒷자리에서 전국 도로지도를 펴고 운전대를 잡은 아빠에게 길을 알려드렸다. 내 말은 김유신의 말이 되어 목적지를 정확히 안내했지만 새 시대는 김유신의 칼이 되어 내 말을 베었다.

 다이얼 전화기, 카세트테이프, 2D 게임기, …. 20세기 말에 만들어진 물건들은 분명히 박물관의 유물이 되었었는데 레트로니 뉴트로니 하며 다시 유행이란다. TV에서는 오래전에 종영한 프로그램들이 재방 삼방 많게는 천방 만방을 한다. 끝이 없는 도전은 무한 반복하여 끝나지 않는 거였다. 아마 곧 억방쯤 하지 않을까. 어느 동영상에 달린 댓글들을 보니, 십 대 이십 대들이 나의 어린 시절을 낭만적이라며 동경한다. 편집된 영상과 엉뚱한 상상은 자기들은 태어나지도 않았던 때를 인간미 넘쳤던 시대로 포장한다. 그러나 호랑이가 담배를 끄던 그때는 야만도 낭만이었다. 선생들은 몽둥이를 들 수 있었고, 인간의 말은 지금보다 더 짐승에 가까웠고, 원인과 이유를 알 수 없는 사건, 사고도 많았다. 그런 야만 중 하나가 한참이 지나서 미투 때 알려지게 된 것이다.

1999년에 Y2K라고 하여 완전히 새로운 세상이 펼쳐질 것처럼 떠들썩했다. 그러나 천 단위 숫자 하나 바뀐다고 뭐 달라지는 건 없었다. 그래서 나는 세상이 빨리 또 크게 바뀌지 않는 줄 알았다. 하지만 그즈음부터 십여 년간 지난 세기의 물이 빠르게 빠져나갔고, 스마트폰의 등장-보급과 함께 십여 년간 완전히 새로운 물결이 밀려들었다.

아날로그 시대에는 지식이 중요했다. 지식은 대를 이어 축적되고 발전하니 어른의 역할이 중요했다. 나이가 한 살만 많아도 밥을 몇 그릇은 더 먹었다고 하는 건 괜한 말이 아니다. 그 차이에 지식과 지혜와 연륜이 있었다. 그러나 디지털 시대에는 정보가 중요하다. 최신 정보가 중요하고, 이제 실시간 정보가 최고의 가치를 가진다. 어른들에게는 이런 정보가 없다. 그러니 지금, 시대의 어른이 없는 것이다. 정확히는 어른이 필요 없는 시대인 것이나.

어른들이 정보를 얻으려고 두 발 두 손으로 찾아 다니는 인맥은 빈 번데기 껍질만 걸린 거미줄 같다. 그 옆에서, 젊은 사람들은 제자리에서 전 세계 네트워크를 누비며 손가락 두 개로 수백 수만 수억 개의 엄지를 받아낸다. 리얼타임의 시대에 스마트폰으로 스마트하게 자란 세대는 아는 것도 많고 잘하는 것도 많다. 일도 훨씬 간결하게 하고, 어느 면에서는 어른들보다 슬기롭고 지혜롭다.

돌아보면, 어린 시절에 아날로그로 배우고 자라면서 디지털을 익히고 성인이 되어 모바일 인터넷을 사용했던 나에게 이런 세상의 변화는 너무 빨랐다. 내가 어릴 때 배운 것들은 이제 쓸모도, 어디 쓸 데도 없다. 얼마 전까지만 해도 '라떼는 말이야 맛있단 말이야'라며 나이 든 꼰대들이 실없는 소리라도 했지만 이제 그런 말조차 들리지 않는다. 어느새 나는 그들과 같은 아재가 되었지만 어른은 못 된다. 아재는 개그로나마 유우머를 전수하는 어른의 역할을 하지만, 나는 그냥 나이만 많아지는 옛날 사람이다.

세상은 요지경~ 요지경 속이다~ 30년 전 히트한 이 노래도 알고 보니 그때에서 60년 전 노래를 리메이크한 것이란다. 요지경에 요지경에 요즘의 요지경을 더해서 어쩌다 세상이 이 지경이 됐을까 어머, 깜짝 놀라는 순간을 맞이

할 때가 있다. 사실, 그럴 때는 좀 괴롭다. 내가 시류를 따르지 못하고 같이 흐르지 못하는 탓이겠지만, 아무리 곱씹어도 이해가 안 되는 장면들 앞에서 꿈틀, 움찔한다. 어른의 말을 해야 할까 하다가도 에이, 됐다고 돌아선다. 그냥 꿔다 놓은 보릿자루처럼 있는 게 낫다는 생각이 앞서고 더 크다. 나도 모르게 뒤에 숨겨 놓았던 야만이 불쑥 튀어나오진 않을까. 후배들이 그들은 살아보지 못했던 나의 시절에 열광해도, 정작 라떼가 뭔지도 몰랐고 프림을 타고 커피를 타던 그때 이야기를 잘 하지 않는 이유다.

나는 한동안 시대의 어른이 없다고 아쉬워했고, 때로 비판했지만 이제 그러지 않는다. 지금은 어른이 될 수 없는 시대, 어른을 할 수 없는 시대다. 그래서인지 요즘은 어떤 어른이 될 것인가 고민하는 사람도 별로 없어 보인다. 아이들은 어른이 되려고 하지 않고, 어른들은 애로 산다. 나도 그냥 애처럼 살까, 싶다가도 최소한의 역할마저 버려 버리는 것 같아 또 그런 말도 쉬이 하지는 못한다.

이래서 어른들이 옛날을 그리워했던 걸까, 야만과 잘못된 것들을 참을 만했던 것으로 왜곡하여 회상했던 걸까. 젊은 사람들보다 어른들을 더 이해하려는 걸 보니 역시, 나는 옛날 사람이 맞다.

하지 않는 삶

 좋아하는 마음은 기쁘다. 이 당연한 사실을 모르는 사람도, 부정할 사람도 없겠다.

 좋아하는 마음은 바쁘다. 좋아하는 마음은 마구 뛴다. 가만히 있지 못한다. 움직이는 마음이 일을 만들고 벌이니 일은 커지고 많아진다. 마음이 바쁠 수밖에 없다.

 좋아하는 마음은 나쁘다. '산은 산악인이 망치고 개는 애견인이 버린다'라는 댓글을 봤다. 산을 좋아하지 않으면 산에 가지 않을 테니 산을 망칠 일이 없을 것이다. 개를 좋아하지 않으면 개를 키우지 않을 테니 개를 버릴 일이 없을 것이다. 세상은 좋아하는 마음을 따라서 살라고 한다. 그러나 좋아하는 마음이 나쁠 수도 있다는 것을 알고부터 나는 무엇이든 너무 많이 좋아하지 않기로 했다. 누구는 내게 그런 삶이 무슨 재미냐고 묻는다. 하지만 나는 망치고 버릴 수도 있는 마음으로 사는 것보다 재미가 덜한 삶이 나은 것 같다. 사람도 많고 마음은 열두 배로 많으니,

차라리 웬만한 것들을 좋아하지 않아 하지 않는 것이 오히려 세상에도 나에게도 낫다는 생각이다.

하지 않는 삶은 일을 만들지 않는다. 일을 벌이지 않는다. 자연스레 일의 수가 적고, 일의 액션과 리액션의 크기도 작다. 일이 문제가 될 가능성이나 사고를 당할 확률도 낮다. 안전하고 안정적이다. 하지 않는 삶은 에너지를 낭비하지 않는다. 한꺼번에 소모하지 않는다. 쉽게 지치지 않아 갑자기 방전되지 않는다. 체력과 정신력을 언제나 여유 있게 유지한다. 하지 않는 삶은 유행을 따르지 않는다. 삶을 증명하려고 애쓰지 않고, 세상의 시선에 신경을 덜 쓴다.

하지 않는 삶은 눈에 띄지 않는다. 볼 게 없고, 보잘것없어 보인다. 주변의 입에 오르지 않으니 이야기가 잘 들리지 않는다. 사람들은 하지 않는 삶에 아무 관심이 없다. 세상이 이러하니, 그게 무엇이든 '하지 말자'라는 외침은 먹히지 않는 것이다.

"좋은 조종사의 제일 조건이 무엇이라고 생각해요?" "인스파레이숀.inspiration, 영감" "다행이야. 경험이라고 말하지 않아서." 좋아하는 애니메이션 영화의 좋아하는 대사다. 흔히들 경험을 많이 하라고 한다. 하지만 넓고 넓은 이 세상을 다 경험하는 건 물리적으로 불가능하다. 그러니 체험으로 잘게 쪼개어 수만 늘리는 꼼수를 부린다. 세상은 새로워지고 살날은 늘어나고, 우리가 요구받는 경험들은 이전보다 빠르게 많아진다. 세상은 끊임없이 우리를 열정, 도전, 모험 같은 단어들에 태우려 든다. 그러나 멋모르고 그 불길에 뛰어들었다가 몸만 하얗게 태워 회복하는 데 더 많은 에너지와 시간을 쓰거나, 어떤 이유로든 그 경험을 하지 못해 마음만 까맣게 태우다 마는 경우도 많다.

이미 많은 경험을 하고 있는 우리에게 정말로 필요한 것은 상상이다. 하지 않는 삶에서 가장 많이 하는 것이 상상이다. 상상을 하면 많은 일을 일일이 다 해 보지 않아도 된다. 상상이 없는 경험은 한 번에 한 번을 더하는 식으로 구십구를 만든다. 시간도 오래 걸리고 에너지도 많이 든다. 그러나 상상하는 경험은 한두 번으로도 구를 알고, 서너 번만으로 구십을 깨우쳐 더한다. 천재는 풍부한 상상을 바탕으로 영감을 얻어 백을 이루는 사람이다. 어느 작가의 말처럼, 천재는 보통 사람들과 겨우 한 걸음밖에 거리를 두고 있지 않다. 다만 이 한 걸음을 이해하기 위해서는 백 리의 절반을 구십구 리라고 하는 초수학이 필요하다. 천재가 앞서 있는 일 리는 절대로 두 발로 걸어 닿을 수 있는 거리가 아니다. 나는 천재가 아니라는 사람도 있을 테고, 모두가 천재가 되어야 할 이유도 없다. 하지만 지금 우리는 경험에만 매몰되어 각자가 가진 고유한 상상의 힘을 경험을 늘리는 데에만 다 써 버리고 있는 게 아닌가 싶다.

흔히들 하는 오해처럼 하지 않는 삶은 허무하지 않다. 무능력, 무기력, 무력한 삶이 아니다. 하지 않는 삶은 관조觀照에 가깝다. 관계를 맺지 않는 방법으로 관계를 맺는다. 하지 않는 삶은 꽃이 예쁘지 않다고 골라내고 잘라내지 않는다. 꽃이 예쁘다고 꺾어가 시들게 하지 않는다. 멀리서 들여다보고 가까이에서 떨어져 보다가 그대로 두고 가던 길을 간다. 아무것도 안 하는 것 같지만, 사실은 더 섬세하게 관심을 갖고 세심하게 관찰하며 자유로운 상상을 통해 관계를 맺는다. 이런 방식은 직접 영향을 미치는 일이 거의 없기에 대상을 망치거나 버리지 않는다. 필요 이상으로 에너지를 주고받지 않기에 사람들과 엮이는 일이라면 그들을 상대하며 괴로울 일이 적다.

인생을 돌아보면 왜 이리 하지 못한 것들만 많은 걸까. '해도 후회하고 안 해도 후회한다.' 그러니까 하라고 한다. 후회도 반드시 해야 하는 경험으로 하는 말이다. 하지만 하지 않는 삶은 무엇을 하든 안 하든 '후회를 하지 않는다.'

세상살이

    금리는 올라야 좋을까 내려야 좋을까, 환율은 내려야 좋을까 올라야 좋을까. 경제 주체들의 상황이 다 다른데, 경제는 늘 위기란다. 그래서 다들 경제를 살려야 한다고 하는데 경제는 지금껏 몇 번이나 죽음 문턱까지 갔을까. 나는 아무도 모른다에 500원을 걸겠다.

    법대로 해 법대로! 문법, 맞춤법, 원근법, 요리법, …. 시적 허용이 문법을 파괴하고 맞춤법이 틀려도 글과 말은 통한다. 원근법이 다른 러시아 미술은 시점과 형태를 뒤틀고, 레시피를 비트니 요리가 새롭다. 법을 지키지 않아도 세상은 잘 돌아가고 오히려 맛있고 멋있어진다. 법을 잘 알수록 입맛대로 제멋대로 하는 이유가 아닐까. 자기 세계의 법을 올바로 제대로 지키는 사람은 수학자들뿐이다.

    살아 보니. 맞냐 틀리냐 옳으냐 그르냐 사실이나 가치 판단, 평가보다도 개개인의 싫고 좋은 감정이 제일 먼저다. 보통 수준의 상식, 이성, 감성, 윤리, 도덕보다 잘못 쥔 주먹, 못난 권력, 못된 돈의 힘이 더 셀 때가 많다. 살면서 세상을 위해 할 일이 있다면 진실로 거짓을 물리는 일, 옳은 일과 착한 일이 더 큰 힘이 되도록 만드는 것이다. 그러나 지금 당장 바뀌어야 한다고 악을 쓰는 건 여태 나쁘다고 비난해 온 그의 모습과 다를 게 하나도 없는 것이다.

그릇이 깨지면 안 좋은 일이 일어날 거라고 한다. 운동화 끈이 풀리면 불길하다고 하고, 나무젓가락이 부러지면 나쁜 일이 생길 징조라고 한다. 그러나 그릇이 깨지고 운동화 끈이 풀리고 젓가락이 부러진 게 나쁜 일이다. 그 작은 나쁜 일을 해결하고 처리하면 된다. 휴대폰에 달고 다니던 끈이 끊어진 건 오래돼서 삭아서 그렇게 된 것이다.

눈물이 터지면 호미로 막을 수 있을 때 막아라. 막지 못했다면 무조건 가래로 막을 수 있을 때 막아라. 거기까지가 자기가 감당하고 처리할 수 있는 양이다. 그런데 그게 힘들다고 더 터뜨리면 못 막는다. 남이 포크레인을 끌고 와도 못 막는다. 불도저 기사를 불러와도 못 막는다.

차려놓은 밥상에 생판 모르는 남이 숟가락을 얹는다. 나는 그 사람을 욕하는 데 많은 에너지를 쓰고 싶지 않다. 세상에는 그렇게 빌어먹는, 빌어먹을 사람도 있는 거니까. 다만 제일 먼저 달려들지는 말라. 그런 인간은 한 세 대 쥐어박고 줄 맨 뒤로 보내고 싶다. 가끔 마석도 같은 시림이 되고 싶다. 요즘 그런 마음이 잦아지는데 ….

    살다 보면. 받은 것 하나 없어도 고맙다고 해야 할 때가 있고, 잘못한 것 하나 없어도 미안하다고 해야 할 때가 있다. 그런데 자기가 받은 것에도 감사라고 할 줄 모르고, 자기가 잘못한 것에도 사과 말고 배만 째라는 사람들이 언제 이렇게 많아졌지?

    늦을 날은 지하철을 타도 막힌다. 의자에 앉으니까 방금 전에 내가 왜 일어났었는지 기억이 난다. 바쁘면 분명히 뭔가 빠뜨리게 된다. 돌아봤는데 하나도 잃은 게 없다면 그건 빠트림에 무뎌진 것이다.

    집에 일찍 와서 신문을 봤다. 오늘의 운세에 '일찍 귀가한다'라고 쓰여 있다. 살다 보니. 운세가 딱 맞는 날도 있다.

    인생 뭐 있나, 봤는데 뭐 없대. 해 쬐면서 사는 거래.

무대에 서다

지인 중에 어릴 때 국악을 배운 이가 있다. 그는 가족 모임 같은 데 가면 꼭 어른들이 노래를 해 보라고 시켰다며 아리랑만 들리면 고개를 돌린다. 그는 그때의 꿈과 전혀 관련 없는 일을 하고 있다.

어른들이 못됐다. 다 어른들 잘못이다. 아무것도 모를 때야 뭣도 모르고 하겠지만, 커 가면서 그런 자리가 싫어질 수 있다. 그렇게 노래를 시켜놓고 어른들은 자기들끼리 딴 이야기를 하거나 자, 짠 하며 술이나 마셨단다. 모르는 아주머니, 아저씨들이 자기를 노래 잘하는 아이라며 아는 척을 해왔기에 여기저기 인사를 하고 다녔단다. 그런 자리에서도 노래를 끝까지 부르는 사람이 끝까지 노래를 하고, 그 끝에 무대에 서는 거라고 그가 말했다.

콘서트를 봤다. 무대에 오른 가수는 사람들에게 감사하다고 했다. 감독과 스태프들, 연주자들, 디자이너, 팬클럽,

관객들에게 여러 번 감사하다는 인사를 했다. 돌아오는 길에 문득 지인이 했던 말이 생각났다. 그가 저 무대에 서기 위해 그동안 얼마나 많이 노래를 불렀을까 생각했다. 무대 같지도 않은 자리에서 얼마나 많이 노래를 불렀을까 생각했다. 뒷말이고 옛날 일이겠지만 가수며 연예인들이 이런 모임 저런 자리에 불려 다닌다는 이야기를 들은 적이 있다. 꼭 그런 일이 아니더라도, 대중들이 알아보는 시선이나 사인과 사진 요청은 차치하더라도, 그가 저 무대에 한 번 서기 위해 얼마나 많이 인사를 해야 했을까. 나 같은 사람은 생각만으로도 피곤해지는 것이다.

음악 오디션 프로그램에 나온 어느 참가자를 보다가 아, 저 사람은 무대에서 노래를 해 보고 싶었던 사람이구나 생각한다. 노래를 한다는 것, 가수는 어쩔 수 없이 들어주는 사람들이 있어야 되는 직업이다. 그러고 보니, 이 글도 누가 읽어 주어야 글이다. 그런 생각이 드니, 돈도 내고 시간도 내고 책장의 공간까지 내어 이 책을 골라 준 독자들에게 감사하다. 잠깐 딴 이야기를 하거나 술 마시며 읽어도, 나는 괜찮다. 눈길을 보내 준 것만으로 감사한데, 여기까지 읽어준 것이 감사하고 또 감사할 뿐이다.

섬

 필명을 쓰고 싶어 오래 생각했다. 내 이름에서 한 글자를 가져와 앞뒤로 이런저런 글자를 붙여봤다. 그중에서 '섬'이 마음에 들었다.

 육지 사람에게 섬은 비밀로 가득한 곳이다. 섬에 가려면 바다를 건너야 한다. 여러 방법이 있지만 보통은, 배를 타고 건넌다. 바다를 달리는 배가 떨린다. 내가 떨린다. 떨림이 두렵다. 검고 검은 물이 나를 삼킬 것 같다. 섬으로 가는 마음이 그러하다. 한 발이 뭍에 닿아야 그제야 의심이 안심이다. 섬은 그 분위기가 묘하게 썸some과 닮았다. 곧 무슨 일이 있을 것 같은 썸처럼 꼭 무슨 일이 있을 것 같은 섬이다. 다만 썸은 둘이고, 섬은 혼자다.

 섬은 혼자 멀리에 있다. 홀로 멀어져서, 떨어져서 산다. 섬은 스스로 이유를 찾는 독립이다. 누수를 막는 독립이다. 누구를 막는 고립이다. 자유이면서 자유롭지 않다. 실제로 나는 얼마간 섬에서 지낸 적이 있다. 그동안에 나는 자유와 함께 밀려드는 고독을 느꼈다. 검고 검은 물이 사방을 두른 밤 길을 걷다가 온 기운이 쓸려나가는 고독을 느꼈다. 그 느낌을 설명할 수 있는 정확한 단어가 섬에는 없다. 누구도 나를 가두지 않았고, 언제든 나가면 되었지만 고립 그리고 독립 두 단어가 발을 묶는다. 발 없는 새 이야기가 떠오르는, 기분은 시리도록 서늘하고 처절하게 치밀하다. 작은 섬 하나를 사서 평생 낚시나 하며 살고 싶다는 말을 듣는다. 나는 네가 그렇게 하면 다리를 놓겠다고 말한다. 혼자이지만 혼자 있으면 안 되는 섬이다.

섬은 외진 곳 외딴곳에 있다. 그래서 아름답지만 그래서 외롭다. 사실 원래 섬은 외롭지 않다. 섬이 외로워진 건 바다 때문이다. 바다가 없으면 섬도 멀지 않은 앞산이다. 바다는 눈물이 만든다. 세상의 슬픔들, 아픔들이 바다를 만든다. 그 검은 물이 섬을 섬으로 만든다. 그 검은 무리가 사람을 섬으로 만든다. 각자의 섬에서 사람들이 춤춘다. 외로워 홀로 몸을 흔든다. 물이 말라가기를 무리가 물러가기를 꿈꾼다. 누구도 절대로 포기하지 않는다.

섬은 공간으로 작은 것이다. 사막이라는 바다에서는 오아시스가 섬이다. 하얗게 반짝이는, 깨끗하고 투명한 수면처럼 섬은 푸른 태양 아래에서 희게 반짝인다. 붉어 지는 해를 뒤로해서 실루엣으로 반짝인다. 도화지를 밤으로 바꾸면 달빛을 되비치어 반짝인다. 등댓불이 별로 반짝인다. 섬 별 달 밤 깜깜하다 깜빡깜빡하다. 섬이 번쩍인다 내가 번쩍인다. 그럼 나는 까먹고 깨닫는다. 그럼 나는 섬閃이다. 그 밤 섬에 반딧불이 빛나겠다. 인터넷도 전화도 잘 안 터지는 그곳에서 나는 편지를 띄우겠다. 사랑한다는 말을 한가득 써서 당신의 창 가까이 띄우겠다. 그런 고요한 생각만으로 그리워지는, 그런 나는 섬纖이다.

바다 건너 저기, 떠나온 고향을 본다. 조금 클 뿐, 사실 육지도 섬이다. 2억 5천만 년 전 이 지구에 땅은 하나였다. 그때 인간은 없었다. 지금부터 2억 5천만 년 후 섬으로 갈라진 땅이 다시 하나가 된단다. 갈라파고스도 아프리카도 남반구도 다 하나란다. 그때 섬은 썸sum이다. 들을 다 더한 혼자다. 그때 나는 없겠다. 인간은 있을까, 얼마나 있을까. 바다로 섬으로 외로운 이 지금에, 우리는 다 다른 하나에 다다를 수 없을까.

섬은 시간으로 짧은 것이다. 그래서 옷깃을 스치는 인연만으로 다음에 만날 수 있단다. 언제든 눈을 감으면 가장 먼 곳으로 갈 수 있단다. 그래 지금 우리 함께 있다면 아, 얼마나 좋을까.

반짝이며 스러지는

작아지려는 것
작아지는 것
작아진 것
작은 것
에게

80억 분의 일
살며 맞이한 순간 마주한 생각

초판 1쇄 발행 2025년 6월 26일

글	규섬
사진	규섬
기획	잠비
디자인	겨·자

펴낸 곳	집우주

등록 | 제 2025-000054호(2020년 8월 11일)
이메일 | cosmoshome21@gmail.com

ISBN 979-11-974030-3-3 03810

- 책의 내용과 사진을 사용하려면 저자와 출판사의 동의를 받아야 합니다.
- 잘못됐거나 파손된 책은 구입한 서점에서 교환해 드립니다.